Tomaten, Nachbarn, Gartenzwerge

Wolfgang Krüger

# Tomaten, Nachbarn, Gartenzwerge

## Wie ich Laubenpieper wurde

© 2015 Wolfgang Krüger
Illustration: Barbara Erber
Umschlaggestaltung: Barbara Erber
Herstellung und Verlag:
BoD - Books on Demand, Norderstedt
ISBN: 978-3-7347-7491-1

*Willst du für eine Stunde glücklich sein, so betrinke dich.
Willst du für drei Tage glücklich sein, so heirate.
Willst du für acht Tage glücklich sein, so schlachte ein
Schwein und gib ein Festessen.
Willst du aber ein Leben lang glücklich sein,
so schaffe dir einen Garten.*

*Chinesisches Sprichwort*

*Schrebergärten sind ein Paradies
mit merkwürdigen Regeln
und neugierigen Nachbarn.*

# Jeder pflegt seine Vorurteile

Bis vor vier Jahren war ich davon überzeugt, dass ein Kleingarten vor allem für ältere Menschen geeignet ist. Damals war ich erst 62 Jahre alt. Also machte ich mich immer über die Laubenpieper lustig. Eng gedrängt wie im Hühnerstall beackern sie ihr Stückchen Erde, das so groß ist wie ein Handtuch. Na ja – wie ein Badetuch. Es ist eine kleine Welt einer zwangsweisen Nähe, in der jeder neugierig auf den anderen schaut. Es ist eine kitschige Welt mit Gartenzwergen und Märchenfiguren. Doch hinter der scheinbaren Idylle verbergen sich unzählige Vorschriften, ständig wird jeder beobachtet. Überall lauert die Frage: Dürfen die das? Aber dies scheint die Laubenpieper nicht zu stören, stolz sprechen sie von *ihrem* Garten und freuen sich über die selbstgezogenen Tomaten und Zucchinis. Doch mir war immer klar, dass dies nicht meine Welt sein würde.

Trotzdem verbrachte ich vor vielen Jahren meinen Sommerurlaub in einer Laubenkolonie im Ostteil Berlins. Eigentlich sagte man hier Datschen. Ich feierte gerade meinen 56. Geburtstag und war etwas erholungsbedürftig. Ich wollte meine Ruhe haben, mich selbst finden und erinnerte mich an den Wahlspruch meiner Großmutter: Raus ins Grüne.

Damals war's....

So sitze ich also vergnügt im Kleingarten meines Freundes Adam, der fünf Wochen lang durch Südamerika reist. Ich kümmere mich gern um seine Erdbeeren und Tomaten und grüße jeden Tag seine Nachbarn. Es ist gemütlich - man sieht sich und vor allem: Man hört sich und fühlt sich nicht allein.

Ich weiß jetzt alles über die Größe der Hundehaufen und wie man eine Rente beantragt und warum das Fernsehprogramm so schlecht ist. Das ist zwar ein wenig prollig, aber es bildet trotzdem. Denn gebildet ist man erst, wenn man das Leben der einfachen Leute kennt – meinte mein Deutschlehrer Marotzke. In der Schule mussten wir daher Gerhart Hauptmann lesen. Der hat viele Stücke in der Mundart einfacher Leute verfasst. Aber hier studiere ich das wirkliche Leben. Und das wichtigste Thema sind in der Kolonie die Schnecken, die im Garten ihr Unwesen treiben.

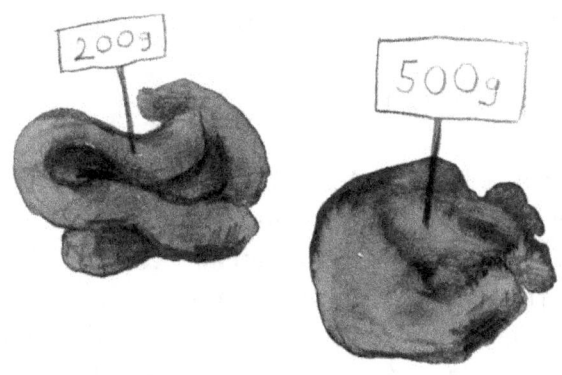

Die glibberigen Monster

Das sind nicht jene Schnecken, die wir als Kinder bewunderten. Selbige tragen ihr Haus auf dem Rücken. Nein, das sind diese ekelhaften, schleimigen Monster, die alles verspeisen, was ich gerade angepflanzt habe. Und vor allem: Sie bedienen sich am Gemüse, ohne zu fragen. Im Dunkel der Nacht schleichen sie sich an und verputzen die Früchte des Gartens. Haben Sie mal eine solche Schnecke angefasst? Sie müssen sich hinterher drei Tage lang die Hände waschen. Einfach widerlich,

… diese glibberigen Monster. Sigmund Freud hätte diese Schnecken sicherlich mit Sexualität assoziiert. Na ja … dafür habe ich keine Zeit, außerdem bin ich Single. Also bewege ich mich jeden Abend mit einer Taschenlampe durch den Garten und suche Schnecken.

## Landebahn für Aliens

Wahrscheinlich sehe ich aus wie ein Einbrecher auf der Jagd nach einem Schatz. Aber das sieht immer noch besser aus als die Landebefeuerung meiner unmittelbaren Nachbarn zur Linken. Sie haben bestimmt ein Sonderangebot an Solarlampen entdeckt. Zwei Dutzend Lampen funzeln auf ihrem Rasen und es würde mich nicht wundern, wenn Aliens dort landen.

Zunächst wusste ich nicht, was das soll! Der Typ geht doch nicht nachts mit seiner Frau auf dem Rasen spazieren. Nein – es ist eine Botschaft für den Weltraum, damit die Raumschiffe auf der Parzelle 28 landen können.

## Wie man Schnecken umbringt

Aber zurück zu den Schnecken. Wussten Sie, wie schnell diese klebrigen Tiere sind? Ich finde schon am ersten Urlaubstag eine auf dem Rasen kriechend und will die Gurkenzange holen. Damit möchte ich sie packen und in ein Glas befördern. Deckel drauf, Schnecke tot. Nach einem Tag. Es gibt ja sehr viele Möglichkeiten, Schnecken umzubringen. Man kann sie natürlich über den Gartenzaun werfen, aber ich habe den Verdacht, dass diese Tierchen ein Heimatgefühl besitzen. Und wenn das nun jeder macht? Meine beste Freundin ist daher konsequent - sie drückt sie mit ihren Stiefeln in die Gartenerde. Das ist mir zu brutal.

Meine Schnecke-ins-Glas-Methode ist wesentlich eleganter. Doch Gartenfreundin Sabine aus der ‚Datschenkolonie' findet, das sei Tierquälerei. „Stell Dir vor, Du bist im nächsten Leben eine Schnecke und wirst erstickt?" –

fragt sie mich und schaut mich prüfend an. Daran habe ich noch nicht gedacht. Sie findet es besser, den lieben Gott zu spielen. Sie wirft die Schnecken auf die Straße und wartet, bis ein Lastwagen kommt. Sind die Schnecken schnell, retten sie sich vor den riesigen Reifen. Meist schaffen sie es nicht. Aber meine Gartenfreundin beruhigt sich mit dem Gedanken: Sie hatten eine Chance.

Meine Ex-Schwiegermutter ist diesbezüglich eher von einer großen Lebensweisheit geprägt. Sie sagte mir, sie habe den Kampf mit den Schnecken aufgegeben. Das wundert mich, schließlich wuchs sie in der DDR auf. Dort sang man mit Begeisterung das Lied: ‚Die Heimat hat sich schön gemacht'. Und dann tönte es voller Inbrunst:

*Wir brechen in das Dunkel ein,*
*verfolgen Ruf und Spur.*
*Und werden wir erst wissend sein,*
*fügt sich uns die Natur.*

Das klingt doch wie eine Drohung? Aber meine weise Ex-Schwiegermutter hat eines begriffen: Das Wetter, die Schnecken und die Tauben sind stärker als sie. Vor allem die Schnecken. Und so hat sie beschlossen, in einer Art Koexistenz zu leben. Ihr gehört das Haus, den

Schnecken der Garten. Auf diese Weise leben sie entspannt nebeneinander her. Von dieser Gelassenheit bin ich noch weit entfernt.

Doch zurück zum Thema: Schnecken sind richtige Renntiere. Als ich mit meiner Gurkenzange zurückkomme, ist die Schnecke nicht mehr da. Und ich irre kriechend über den Rasen, den man wieder mähen könnte. Denn sehr ordentlich sieht es hier nicht aus. Sonst sind Kleingärten beunruhigend ordentlich. Irgendwie steril und langweilig. Mein Freund Adam würde sagen: militärisch.

## Die grüne Langeweile

Vor allem der Garten schräg gegenüber ist vorbildlich aufgeräumt. Eine riesige Rasenfläche - als ob der Gartenfreund Golf spielen möchte. Das ist ja die Sportart meiner Altersgruppe. Und die einzige Abwechslung auf diesem Golfplatz sind zwei blau angemalte Gartenzwerge. Nicht ganz mein Geschmack.

Eine Kollegin fragte mich einmal, welche psychologische Erklärung ich für den aufgeräumten Garten hätte. Das sei doch klar – antwortete ich: Das sei das Ergebnis einer gestörten Mutterbeziehung. Wahrscheinlich sei der Gartenfreund zu früh aufs Töpfchen gesetzt worden. Dadurch hätte er eine zu starke Fixierung auf die Reinlichkeitserziehung bekommen. Meine Kollegin stimmte dem zu.

## Die perversen Gartenzwerge

Laufen Sie einmal durch eine Kleingartenkolonie: Was Ihnen da an Nippes, Kitsch und Geschmacklosigkeiten begegnet, ist schlimmer als auf jedem Friedhof. Dabei gibt es schöne Figuren: Gestern fand ich im Internet ‚poppende' Gartenzwerge. Einer meiner Nachbarn wollte sich gern einen Gartenzwerg anschaffen, der immer dann seine Jacke lüftet, wenn jemand vorbei geht. Aber wahrscheinlich lässt das die Kleingartenordnung nicht zu. Jeder Kleingärtner muss sich nach einem Gesetz richten: dem Bundeskleingartengesetz. Demzufolge müssen alle Gärten „der Gewinnung von Gartenbauerzeugnissen für den Eigenbedarf und zur Erholung" dienen. Verstehen Sie: Erst die Arbeit, dann das Vergnügen!

Also bin ich von Tomaten und Bohnen umgeben, die den Speisezettel bestimmen und was ich nicht essen kann, wird eingeweckt. Auf jeden Fall: Zur reinen Erholung eignen sich die meisten Kleingärten wirklich nicht. Man ist immer beschäftigt und mehr oder minder ist alles reglementiert. Die Laube darf nur 24 qm groß sein. Die Fußbodenoberkante darf nicht mehr als 25 cm über dem Kleingartenniveau liegen, ein Pultdach darf nur 260 cm hoch sein. Da krümmen sich doch die Zehennägel.

## Der permanente Druck

Schon meine Mutter hat vergeblich versucht, mich zu erziehen. Ich habe mich natürlich gewehrt, indem ich heimlich das tat, was mir verboten war. Karl May las ich nachts im Schein einer Taschenlampe und ich drehte immer den Wasserhahn auf, um meiner Mutter das Händewaschen vorzugaukeln. Freiwillig machte ich vieles, aber unter Druck? Und in dieser Kolonie ist dieser Druck permanent vorhanden. Beispielsweise muss man ständig seinen Rasen mähen und den Seitenstreifen des Weges vom Unkraut frei halten. Sonst kommt mit Sicherheit ein Nachbar und meckert. Er sagt das natürlich nicht direkt. Vielmehr liegt jeden Tag etwas Unkraut vor Ihrer Gartentür, das Sie wie ein stummer Vorwurf anschaut. Gartenfreund Fritzsche hat es hier wieder hingelegt. Diese Pfeife – denke ich, soll er's mir doch direkt sagen. Aber das traut er sich schon bei seiner Frau nicht.

## Die neugierigen Blicke

Überhaupt ist das hier wie überall. Es blüht die Neugierde. Wenn Sie etwas anbauen, umbauen oder reparieren: Hier wissen es alle. Hundert Blicke sind auf Sie gerichtet. Denn hier hat man Zeit. Viel Zeit. Wer ist gestorben, wer ist krank und wer verstößt gegen die Regeln des Kleingartengesetzes – das sind die wichtigen Themen.

## Was wird denn das?

Ein Nachbar ließ sich kürzlich tausende Steine liefern, um das Fundament für eine neue Laube zu legen. Sofort kam die Frage: „Was wird das?" Eigentlich war es offensichtlich und so antwortete dieser: „Ein Gartengrill." „Ach so." – kam die erstaunte Antwort.

Normalerweise spricht man also darüber mit den Nachbarn und die erzählen es weiter und weiter. Irgendwann kommt dann scheinbar zufällig der Vorsitzende und fragt: „Du hast was umgebaut?" Denn hier duzen sich alle. Das ist wie in einer Genossenschaft. Und tatsächlich leben hier meist Genossen. Es ist eine Welt, die mir nicht unvertraut ist. Mich erinnert das alles an die Studentenbewegung. Ich übernachte jetzt seit einer Woche in der Laube – auch das ist eigentlich verboten! - und mittlerweile grüßen mich alle. Man kennt sich und redet miteinander über den Gartenzaun hinweg.

Es regnet, es regnet ...

Ein Lieblingsthema ist in diesem Sommer der Regen. Haben Sie schon einmal einen solchen Sommer erlebt? Was sage ich – es ist kein Sommer. Es ist eine Zumutung. Jetzt weiß ich, dass die Bibel recht hatte: Es gab wirklich eine Sintflut. Jedenfalls bei uns. Die Wege stehen unter Wasser, der Rasen ähnelt einem Schwimmbad. In Afrika soll ein mörderisch heißer Sommer sein, es herrscht Wasserknappheit. Die Afrikaner können gern herkommen, hier gibt es Wasser genug. Mich erinnert das an eine Geschichte über einen Farmer, der sich Regen wünscht, weil alles verdorrt. Seine Gebete werden erhört, schließlich regnet es und regnet, bis alles überschwemmt ist. Aber für meine gelegentlichen Stoßgebete, der Regen möge endlich aufhören, fühlt sich offenbar niemand zuständig. Und nun höre ich noch im Radio, dass man keine Pilze essen soll, sie seien möglicherweise verstrahlt. Wo soll das nur enden – hätte besorgt meine Mutter gefragt und meine Großmutter meinte dann immer: „Daran sind die Russen schuld – wegen der Atombombenversuche."

## Ungewohnte Geräusche

Es regnet unentwegt, aber ich sitze im Trockenen. Nicht ganz auf dem Trockenen: Ich ruhe mich aus und trinke mein abendliches Bier. Dann kann ich gut schlafen, obwohl es in der Laube permanent ungewohnte Geräusche gibt. Käfer fliegen durch die Gegend, es krabbelt und zirpst. Aber glücklicherweise nicht im Zelt, wie früher bei den Pfadfindern, sondern in der winzigen Laube. Als ich morgens aufwache, regnet es ... natürlich. Es ist ein mieser Bauernregen, der meist erst nach Stunden aufhört.

Und so freue ich mich über den Neid der Nachbarn. Ich habe nämlich einen Datschenvorbau. Die Nachbarn nicht. Deshalb müssen sie immer in die Laube rein, wenn es regnet. Werner und Waltraud – das sind die Nachbarn zur Rechten – schimpfen, es sei furchtbar. Ständig nieselt es und sie müssen mit ihrem Kaffeegeschirr rein und wieder raus. Und das Spiel wiederholt sich den ganzen Tag. Schwierig wird es wohl auch mit dem Kinderfest, das heute stattfinden soll. Alles steht unter Wasser, wie sollen denn die Kinder überhaupt an diese wunderbaren Buden kommen? Sie kennen sicher diese Blechpyramiden aus Dosen, die man mit gezielten Ballwürfen abräumen muss. Oder man kann Lose kaufen und gewinnt dann riesige Teddybären. Aber es steht alles unter Wasser.

## Ein Schnaps – ein Bier

Als kürzlich das Laubenpieperfest gefeiert wurde, war es einfacher. Da regnete es auch und war kühl, aber wir wärmten uns von innen: Ein Schnaps, ein Bier – war das Motto. Das löst die Zunge und macht lustig. Eine liebe Seele aus der Kolonie schaltet dann immer die Lampions an, obwohl sie sonst Strom spart. Dadurch sind die Wege beleuchtet, früher gab es zu später Stunde böse Unfälle.

## Neugierde und Hilfsbereitschaft

Zu den wichtigsten Eigenschaften eines Laubenpiepers gehört es, zu helfen. Man lebt hier dicht gedrängt und verhält sich viel sozialer als in einer Wohnung. In einem Mietshaus kann man sterben, ohne dass es andere merken. Aber das ist in einer Laubenkolonie kaum möglich. Sie wissen genau, wann der Nachbar aufsteht und schlafen geht, Sie registrieren, wann er Besuch hat. Man weiß schon ziemlich genau Bescheid und es fordert reichlich Toleranz, damit umzugehen. „Wenn man so eng zusammenlebt, muss man sich manchmal ertragen." - pflegte meine Großmutter zu sagen.

Tatsächlich darf man nur Laubenpieper werden, wenn man den ständigen Blick der Nachbarn erträgt. Aber immer haben Laubenpieper noch eine andere Fähigkeit: Sie sind Experten. Man muss nur einen Gartenfreund um Rat fragen: „Sag mal - warum ist mein Dach undicht?" Sofort kommt er, schaut sich das Dach an und gibt gute Ratschläge. Entweder hilft er dann selbst oder er hat Bekannte, die selbsternannte Fachleute sind. Es spielt keine Rolle, ob das Expertenwissen zielführend ist. Entscheidend ist: Niemand wird im Stich gelassen.

Ihnen wird selbst dort geholfen, wo Sie es nicht gewollt haben. Als kürzlich ein großer Ast vom Apfelbaum abbrach, standen drei Nachbarn mit einer Kettensäge vor der Tür.

Die Solidarität ist dermaßen überwältigend, dass mich auch die Neugierde meiner Nachbarn nicht mehr so sehr stört. Ich sehe dies alles entspannter und freue mich, dass ich morgens von den Vögeln geweckt werde.

## Brennnesseln für Schmetterlinge

Ich genieße die Natur und beobachte mit anhaltendem Interesse den Garten. Jeden Tag staune ich, dass die Tomatenpflanzen wieder ein wenig höher geworden sind, es ist gleichsam so, als ob man alles wachsen hören könnte. Und ich lasse wirklich alles wachsen. Nach 14 Tagen sprießen die Brennnesseln, die so wichtig für die Schmetterlinge sind. Sicher bekommt mein Freund Adam einen Schreck, wenn er zurückkommt. Aber ich fühle mich wohl. Neugierig fragen allerdings die Nachbarn, wenn Sie mich sehen: „Ach – Sie sind wieder da?" Dahinter vernehme ich die feine Aufforderung, doch endlich den Garten ordentlicher zu gestalten. Und dann höre ich sogar vom Gartennachbarn zur Linken, ich müsse vertikutieren. Wir hatten zuhause ein Vertiko, es hatte viele kleine Säulen und Schnörkel. Anders gesagt: es war putzintensiv. Und oben prangte eine riesige Porzellanschüssel, die wie ein Nachttopf aussah. Aber was hat mein Rasen mit unserem Vertiko zu tun?

## Wissenslücken

Zwar bin ich Akademiker, aber ich verfüge trotzdem über verhängnisvolle Wissenslücken. Vor vielen Jahren lobte ich ein Essen als frugal und wunderte mich über das erstaunte Gesicht des Gastgebers. Erst danach wurde mir klar, dass frugal so viel wie karg bedeutet. Noch peinlicher war es allerdings, als ich mich als junger Mann mit einer vollschlanken Dame traf. So hatte sie sich in einer Anzeige angepriesen und ich erwartete eine junge Frau mit einer ausgeprägt schlanken Figur. Als wir uns trafen, konnte ich mein Erstaunen wohl nicht verbergen.

Wenn man vor der Datsche sitzt, fängt man an zu träumen und schweift oft in seinen Gedanken ab. Zurück also zum Thema: Ich hatte schon immer die Neigung, die Erwartungen anderer nicht unbedingt zu erfüllen. Und so empfinde ich oft ein munteres ‚Nein' und lasse den Rasen sprießen und freue mich über die vielen kleinen Gänseblümchen, die mich putzmunter anlachen.

## Die berühmten Gärtner

Aber ich freue mich noch mehr, wenn endlich mal wieder die Sonne scheint. Das vom Licht durchtränkte Grün der Bäume und Sträucher, der Gesang der Vögel, die bunten Farben der Blumen sind doch eine Vorstufe zum Paradies. Daher verstehe ich auch, dass Goethe und Hesse ihr Leben lang Gartenliebhaber waren. Und C. G. Jung hat sogar mit eigenen Händen einen Turm erbaut, als er Angst hatte, verrückt zu werden. Etwas mit den eigenen Händen zu schaffen und mit der Natur umzugehen erdet uns, macht uns gesünder und lässt uns länger leben. Schauen Sie einmal in eine Verbandszeitung der Kleingärtner. Dort stehen meist die Geburtstage der Genossen, die 50 Jahre und älter werden.

Laubenpieper werden alt, weil sie jung bleiben. Auch ich fühle mich immer jünger. Wie in meiner Kindheit zupfe ich die schwarzen Johannisbeeren vom Strauch, um sie ungewaschen zu essen. Und ungeduldig wie ein Kind schaue ich täglich nach, ob der Rucolasamen, den ich neulich ausgestreut habe, schon aufgegangen ist. Doch zugleich werde ich ruhiger und fühle mich eins mit der Natur. Nervig sind manchmal nur die nächtlichen Feste.

Wenn die Russen drei Gärten weiter feiern, ist das ja ganz nett. Es soll viel Wodka fließen und dann singen sie beschwingt ihre melancholischen Lieder. Wahrscheinlich von der Heimat und so. Aber wenn die Jugendlichen feiern, ist es mit der Nachtruhe vorbei. Es wummern die Bässe, häufig ertönt ein weiblicher Schrei, mehr lustvoll als ängstlich. Und das erinnert mich an meine eigene Jugend. Doch damals wünschte man sich viel und war trotzdem anständig. Ich war in der ‚Jungen Gemeinde', wir saßen abends am Lagerfeuer und sangen gemeinsam:

*Herr, wir gehen Hand in Hand, Wandrer nach dem Vaterland.*
*Lass dein Antlitz mit uns gehn,*
*bis wir ganz im Lichte stehn.*

Und wenn dann Gertrude neben mir stand, wurde mir ganz warm ums Herz. Aber hier werden die Bedürfnisse viel direkter und unmittelbarer ausgelebt.

Über sieben Brücken …

Vor allem beim alljährlichen Sommerfest war die Stimmung ausgelassen und es dröhnten die großen Boxen:

*Über sieben Brücken musst du gehn,
sieben dunkle Jahre überstehn,
siebenmal wirst du die Asche sein,
aber einmal auch der helle Schein.*

- ermutigte der Sänger von Karat zum Durchhalten. Der Duft verbrutzelter Bratwürste sprang in meine Nase und in einem Zelt tanzte die halbe Kolonie wild im Takt. Die Lichtorgel imitierte ein Sternenfunkeln, alles turnte so, als ob man jung und in einer Disco wäre. Von Hüftschäden, Arthrose in den Knien, Bandscheibenproblemen war nichts zu spüren. Wer sich täglich nach Brennnesseln bückt und Unkraut jätet, bleibt beweglich. Und überhaupt: Hier ist man aktiv. Man ist leidenschaftlich: „Dich zu spüren, Deine Wärme" - schallte es aus den Lautsprechern…

Aber heute Abend gibt es noch eine Steigerung: Der Frauenkreis Märkisch-Oder feiert einmal im Jahr mit viel Rotwein und Eierlikör. Die Frauen singen so unbekümmert, wie man nur in einer Laubenkolonie singen kann.

*Alt wie ein Baum möchte ich werden,
Genau wie der Dichter es beschreibt. …
Alt wie ein Baum möchte ich werden,
Mit Wurzeln, die nie ein Sturm bezwingt*

… hoffen beschwingt die beschwipsten Gartenfreundinnen. Und dann folgt das Geständnis: *„Manchmal möchte ich schon mit Dir - Manchmal möchte ich so gern mit Dir."*

Was einmal war, kommt nie zurück

Voller Herzblut trällern die Damen, die die Lebensmitte schon reichlich überschritten haben. Sie sind gerade deshalb so leidenschaftlich, weil sie vieles erlebt haben und zugleich wissen, dass unser Aufenthalt auf diesem Planeten begrenzt ist. Der Rotwein fließt und so bekennen sie mit aller Sehnsucht: „Du gehörst zu mir..." Je länger der Abend dauert, desto intensiver erinnert man sich an den Liebestaumel vergangener Zeiten. Aber im Morgengrauen beginnt doch ein Prozess der Ernüchterung, die Damen empfinden schmerzhaft ihr wirkliches Alter. Ihr Langzeitgedächtnis funktioniert zwar noch recht gut, aber das Kurzzeitgedächtnis? Und so schließt man mit dem Vorwurf: *„Du hast den Farbfilm vergessen..."*

## Meister des Improvisierens

Auch ich vergesse täglich vieles, aber an meine Jugend kann ich mich noch gut erinnern. Damals hatten wir wenig Geld und waren Meister des Improvisierens. Und an diese Meisterschaft knüpfe ich hier wieder an. Zuhause habe ich meine Bürokraft, meine Handwerker, meine Putzfrau - die alles für mich erledigen. Hier eile ich selbst mit Hammer und Zange durch mein grünes Reich und bohre und schraube. Mit einem alten Draht und einer Platte baue ich mir provisorisch einen hängenden Schreibtisch und eine kleine Antenne klemmt unter dem Dach und fängt die Signale für das Fernsehprogramm ein. Ich habe einen winzigen Fernsehempfänger, der mich mit einem quäkenden Lautsprecher über das Weltgeschehen informiert.

## Auf nach Truckenthal

Doch ich sehe selten fern, denn am meisten interessiert mich die überschaubare Welt der Datschenkolonie. Jede Kolonie hat eine eigene Atmosphäre und Gesinnung: Bei uns ist man eher links. Schließlich waren die meisten Gartenfreunde früher Genossen in der Partei. Aber so links wie bei dem rebellischen Jugendcamp der MLPD (in Worten: Marxistisch-Leninistische Partei Deutschlands) sind wir nicht. Da sehe ich doch vorhin in dem nahegelegenen Baumarkt einen Zettel mit der Aufforderung, man solle in Truckenthal (!) gegen Ungerechtigkeit, Ausbeutung und Unterdrückung rebellieren. Es gibt dort eine Grundausbildung in Kampfsport, einen Gitarrenkurs und schließlich einen Kurs: ‚Für die Befreiung der Frau – Kampf dem Sexismus!' Und sie treten ein für Frieden und Völkerfreundschaft! Dafür bin ich auch ... aber dann steht in der Lagerordnung: „Wir beteiligen uns aktiv am

Campleben statt passivem Rumgehänge und Langeweile..." Ach nee: Gelegentlich langweile ich mich gern. Das ist doch das Schöne an so einer Laubenkolonie: Man schaltet runter, nachdem man sich um das Unkraut, das undichte Dach, die Hecken und den Rasen gekümmert hat. Dann entspannt man und kommt zu sich. Und als ich vorhin in die Innenstadt fuhr, die nur wenige Kilometer entfernt liegt, dachte ich: Was ist das für ein Lärm? Warum haben die es alle so eilig hier?

## Die eigenen Tomaten

Aufgeregt bin ich eigentlich immer nur, wenn es um den Garten geht. Genauer gesagt: um die Früchte der Pflanzen. Früher habe ich gedankenlos Tomaten gekauft. Aber diese Zeiten sind seit 14 Tagen endgültig vorbei. Ich ernte Tomaten. Genauer gesagt: Ich will Tomaten ernten. Doch was heißt wollen: Ich möchte Tomaten ernten. Denn die Natur lässt uns warten. Und warten zu können, sei die Grundlage der Moral – habe ich einmal gelernt. Ich glaube, dass ich sehr moralisch bin.

Gewartet habe ich jedenfalls auf so manches. Auf das Liebesglück, den Erfolg meiner Bücher oder steigende Aktienkurse. Und jetzt warte ich auf die Tomaten. Sie werden immer größer und ich befürchte, dass sie zu Wassermelonen mutieren. Sie werden immer größer, aber sie werden nicht rot. Jeden Tag schaue ich mindestens fünfmal nach. Und dann, dann... sehe ich eines Tages eine mädchenhafte Röte am Rand einer Tomate. Eine ganz leichte Röte. Ich weiß: Meine Freunde würden natürlich nichts sehen. Aber man muss die Anfänge erahnen, das Unvollendete. Das ist der Blick des Kleingärtners.

## Lady Chatterley im Garten

So betrachte ich auch den Rasen. Wenn ich früher zu Besuch war, bin ich einfach auf ihm rumgetrampelt. Aber heute? Ich schreite auf dem Rasen, weil ich weiß: Es ist ein grüner Teppich aus tausenden kleinen Gräsern, die sich dem Licht entgegen strecken. Und um im Rasen neues Leben zu erwecken, habe ich einen Supersamen ausgestreut, der auch auf Beton keimen soll. Ich will meinem Freund Adam eine Freude machen und warte und warte... und dann sehe ich... jetzt ... den ersten jungfräulichen Grashalm. Ich weiß: Meine Freunde würden natürlich auch diese Entwicklung nicht sehen... Sicher braucht das kleine Hälmchen einen Entwicklungsschub.

Es sehnt sich wahrscheinlich – ebenso wie ich – nach Sonne. Aber es regnet und regnet...

Mich erinnert der Regen immer an eine Stelle in dem Roman ‚Lady Chatterley': Sie tanzt nackend im Garten und ihre Brüste schwingen hin und her... Aber das ist natürlich nicht mit der Kleingartenordnung zu vereinbaren. Und offensichtlich sind Radieschen knackiger als die Körper von uns Oldies.

## Die chinesische Laufente

Doch an Radieschen ist momentan nicht zu denken. Es regnet und regnet und das ist gut für die Schnecken, die alles verspeisen, was aus der Erde sprießt. Sie knabbern sogar die Bohnenstängel an. Gestern empfahl mir eine Verkäuferin, ich solle mir eine chinesische Laufente zulegen, das sei die eigentliche Geheimwaffe gegen Schnecken. Warum nicht? Meine Großmutter hatte auch Enten und Hühner, die wir persönlich mit Namen riefen: Erna, Elfriede, Else... Sie kamen wirklich angerannt, wenn man sie rief. Und alle kamen irgendwann in den Topf.

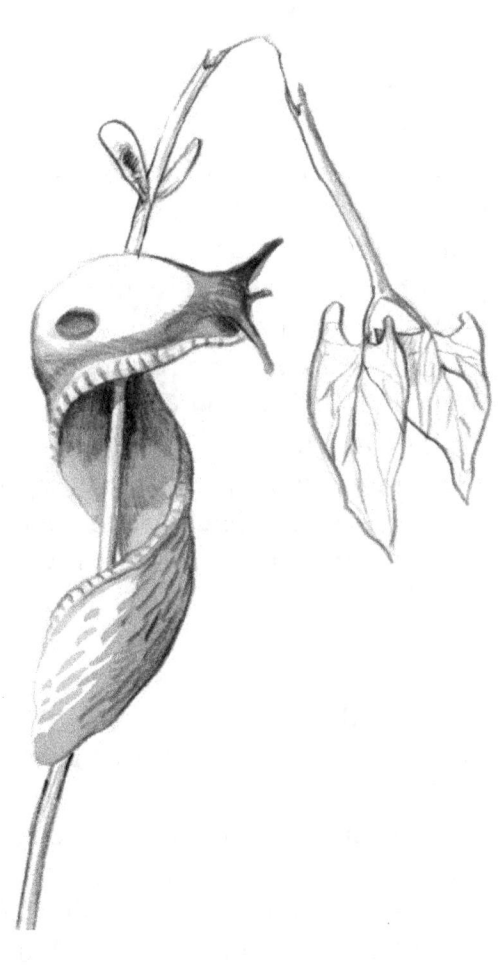

Es gab damals wenig zu essen und wir dachten nie darüber nach, dass nun Erna in der Suppe schwamm. Allerdings trat ich in der Schulzeit in den Tierschutzverein ein und trug Mitgliederhefte aus.

## Die lebenden Rasenmäher

Jetzt liebe ich vor allem Katzen. Und ich mag Schafe. Einer meiner Freunde hält sich mehrere Schafe, die hier das Gras mähen könnten. Er gehört zu den vielen Freunden, die sich in der Mark Brandenburg ein Haus kauften. Raus aufs Land – war die Parole. Und so kaufte er ein Haus mit wenig Geld und vielen Löchern im Dach und wir schlossen Wetten ab, wer gewinnen wird: Der stolze Eigentümer des schiefen Bauernhauses oder der Zerfall, der schon seit 20 Jahren an dem Mauerwerk nagt. Bisher gibt es noch keinen eindeutigen Sieger.

Doch er freut sich immer über seine Schafe, die das Gras auf seiner Wiese kurz halten. Aber dafür ist vielleicht dieser Garten doch etwas zu klein und ich muss zunächst nachsehen, ob die Kleingartenordnung so etwas erlaubt. Außerdem bin ich hier zu Gast und muss mich an die zahlreichen Regeln halten.

# Erscheinen ist Pflicht!

Eine feste Regel besteht darin, dass jährlich eine Jahres-Feldversammlung stattfindet. Da werden gemeinsam die Wege in Ordnung gebracht, die Hecken gestutzt und Ausbesserungsarbeiten an der Vereinslaube vorgenommen. Gestern wurde ich als der Stellvertreter meines Freundes Adam dazu nachdrücklich eingeladen. Das erinnerte mich an meine Großmutter, die zu Kaisers Zeiten die Parade auf dem Tempelhofer Feld erlebte, wo später der Flughafen Tempelhof entstand. Aber beides ist mittlerweile längst Geschichte. Der Kaiser ist geflohen und es gibt Pläne, den Flughafen zu schließen. Gern würden sich dort auch Laubenpieper niederlassen. Jedenfalls wird eine Jahres-Feldversammlung stattfinden und alle müssen kommen und mitarbeiten. Sonst muss man eine Strafgebühr zahlen, so sieht es die Satzung vor. Darauf wird ausdrücklich hingewiesen.

# Die Hilde-Ablenkungs-Taktik

Noch vor wenigen Jahren wurden diese Treffen als Arbeitsdienst bezeichnet, der Krieg ist ja erst 70 Jahre vorbei. Mich befremden solche Bezeichnungen. Doch als ich bei dem Gartenfreund Manfred im Computer recherchiere – gedankt sei Google – muss ich feststellen: Es gab auch in Westberliner Kleingärten den Brauch, Arbeitsdienste zu organisieren. Vielleicht bin ich auch zu sprachempfindlich. Deshalb folge ich jetzt der Taktik von Tante Hilde von Laube fünf. Immer wenn es irgendwie brenzlig wird, wechselt sie das Thema und fragt: „Noch'n Stück Kuchen?"

## Der Blaumann

Also Themenwechsel. Es regnet und regnet, ich sitze hier mit zwei Pullovern und meiner schönen blauen Latzhose, die ich preisgünstig im Baumarkt erstanden habe. Sonderangebot! Überall sind Taschen für Schraubenzieher, Zollstock und Zangen. Und vor allem: Diese Hose kann nicht rutschen, weil wunderbare Hosenträger angebracht sind. Damit gehöre ich nun endgültig dazu. Denn hier trägt man natürlich keine Anzüge, Krawatten und gebügelte Hosen. Hier trägt man einen Blaumann, so nennt man diese farbigen Handwerkerhosen oder zieht sich seine alten Sachen an.

## Rei in der Tube

In meiner psychotherapeutischen Praxis achte ich darauf, dass ich halbwegs ordentlich angezogen bin. Doch im Garten wirke ich immer etwas verwahrlost. Alles ist zerknittert, meine Hemden und Hosen wasche ich selbst. Kennen Sie noch ‚Rei in der Tube'? Das haben wir früher immer gekauft, wenn wir nach Italien fuhren und nur wenig Gepäck mitnahmen. ‚Rei in der Tube' gehört zu jenen Produkten, die uns wohl alle überleben werden. Jedenfalls wasche ich selbst und irgendwie erinnert mich das an meine Kindheit.

Zweimal im Monat bekam meine Mutter den Schlüssel für den Waschraum, der sich unter dem Dach befand. Dort war ein riesiger Kupferkessel, den man mit Wasser füllen und einem Kohlefeuer heizen konnte. Und dann musste man mit langen Holzlöffeln die Wäsche bewegen. Und am Rand war ein Rubbelbrett eingehängt, das Jazzmusiker später als Instrument zweckentfremdeten.

## Der harzige Duft

Wenn man keine Flecken mehr sah, wurde alles ausgewrungen. Es gab eine Wringmaschine mit zwei Holzrollen. Meine Mutter steckte die Wäsche rein, hinten kam sie fast nass wieder raus. Und anschließend wurde sie auf dem Trockenboden aufgehängt. Ein wunderbarer Geruch hing unter dem Gebälk: Eine würzige, warme Duftwolke von Harz, Holz und Teerpappe stieg mir an heißen Sommertagen in die Nase.

Aber davon kann ja heute keine Rede sein, es sind inzwischen 14 Grad. Ich sitze in eine dicke Decke gehüllt und trinke heißen Tee.

Doch die Gerüche der Kindheit gehen mir nicht aus dem Kopf. Geht Ihnen das auch so mit Gerüchen? Ich habe einmal in einem Roman gelesen, selbst eine Messingklinke könnte einen Duft verströmen. Seitdem frage ich mich: Wie duftet Messing? Denn eines stimmt sicher: Düfte spielen eine große Rolle in unserem Leben.

Ich habe immer nur Frauen geküsst, wenn ich sie gut riechen konnte. Und in meiner Lehrzeit gab es noch den wunderbaren Geruch in der Galvanik, der mich an Marzipan erinnerte. Später stellte sich raus, dass dieser giftig war. Jedenfalls sind meine wichtigsten Kindheitserlebnisse mit Gerüchen verbunden.

## Schweiß, Chlor und Sonnenöl

Ich kenne noch sehr gut den intensiven Geruch der Turnhalle: Es war die Mischung aus Schweiß, Bohnerwachs und der Ausdünstung der Ledermatten. Und können Sie sich noch an den Geruch der Schwimmbäder erinnern? Wenn man hinging, atmete man schon von weitem die ‚Duftwolke' aus Chlor und Sonnenöl ein. Und im Herbst gab es Kartoffelfeuer, die so würzig und herb rochen.

So kommt man also auf Gedanken, wenn man sonst nichts zu tun hat. Beschäftigungslos zu sein, sei die Grundlage der Kreativität – sagt man. Dann würde sich der Geist öffnen, weil man nicht mehr zielorientiert lebt. Mir fällt immer mehr aus meiner Kindheit ein, ich hüpfe barfuß über den nassen Rasen, singe die alten Pfadfinderlieder und fühle mich genial. Wie sagte schon der alte Goethe: Man sei ein Genie, wenn man erwachsen geworden sei und das Kind in sich bewahrt hätte. Damit hat er sicher Laubenpieper gemeint.

## Die Erbswürste

Als ich gestern mit einem Kollegen telefonierte und ihm von meinem Leben in der Laube erzählte, reagierte er verhalten. „Was denn: Keine Mikrowelle, kein Geschirrspüler und Du stehst immer früh auf?" – so die erstaunte Frage dieses verweichlichten Großstädters, der in einer Dachgeschosswohnung von allem Komfort umgeben ist. Der hat doch keine Ahnung! Ich erlebe hier kostenlos, wofür andere viel Geld zahlen. Freunde von mir buchen einmal im Jahr einen Abenteuerurlaub und fahren in die Wildnis. Da kann man noch ein richtiger Mann sein: Am Lagerfeuer lernt man die Kunst des Überlebens, ernährt sich von

Würmern und Kräutern und schläft im Freien. Man ist im engen Kontakt mit der Natur, wenn es durch das Zelt regnet und sich am dritten Tag von pampiger Erbsensuppe ernährt. Es gibt doch diese wunderbaren Erbswürste, die man einweichen muss und dann entsteht – Juchhuu – ein Erbsbrei.

Jedenfalls zahlen die ein Schweinegeld, um sich dann selbst was fangen zu müssen und sich von der Natur ärgern zu lassen. Und so etwas wird heute auch Managern als Selbsterfahrungstraining angeboten. Reiseveranstalter müsste man sein. Doch ich habe dies hier alles kostenlos.

## Aufregung am frühen Morgen

Als ich gestern einschlafen wollte, fing es an zu regnen. Das ist schon ein geiles Gefühl, wenn man auf dem ausklappbaren Sofa liegt und den melodischen Regen hört. Und dann habe ich heute früh kalt geduscht und als ich Kaffee kochen wollte, flog natürlich die Sicherung raus. Ich rannte also zur Werkzeugkammer – in Unterhose. Es regnete, ich hatte meine Brille noch nicht auf und trat in einen Brombeerzweig… aufregender kann es im Urwald auch nicht sein.

Das Horoskop

Heute ist ein schöner Tag. Ich habe schon drei Schnecken gefangen und in meinem Horoskop steht, es würde die Sonne scheinen und mein Leben würde einen ungeahnten Aufschwung nehmen. Das Heft ist zwar von letzter Woche, aber das Horoskop stimmt. Es scheint tatsächlich die Sonne und ich beschließe, schwimmen zu gehen. Nicht im Garten, obgleich auch hier vieles wegschwimmt. Sondern im nahegelegenen See. Zwar fängt es gerade wieder an zu regnen. So ziehe ich also meine Regenhose an und setze mir meinen Helm auf, der auch mit einem Regenschutz überzogen ist. Und fühle mich wie jener Freund, der in einem Labor arbeitet und sich immer in einen Raumfahreranzug zwängen muss, um sich vor den fiesen Viren zu schützen.

## Wer war das?

Also fahre ich jetzt mit der Regenbekleidung los und verzweifle. Immer wenn ich eingekleidet bin, regnet es natürlich nicht. Doch sobald ich meine Hose ausgezogen habe,

fängt es unweigerlich an zu regnen. Manchmal habe ich den Eindruck, dass mich jemand veralbern will. Deshalb habe ich vorhin auch die Regenhose bewusst nicht angezogen. Natürlich regnete es dann immer stärker, aber ich gab nicht nach. Völlig durchnässt kam ich in der Laube an. Erst jetzt hörte es auf zu regnen. Ich fühlte mich verarscht...

Aber ich schweife ab. Als ich vom Schwimmen zurück komme, erinnere ich mich daran, dass die Gartenkommission darauf bestanden hatte, dass bald der Zaun gestrichen werden soll. Eigentlich ist er ganz in Ordnung. Er markiert für alle Eindringlinge eine sichtbare Linie: Die Kaninchen und Wildschweine bleiben draußen, die seltenen Gäste kommen rein. Auch meine Nachbarin von gegenüber, die ständig in der braunroten Laube werkelt. Sie hat mir gestern grüne Farbe angeboten. Wahrscheinlich denkt sie, dass mir inzwischen die Laube gehört. „Ich helfe Ihnen auch ..." - lautete das großzügige Angebot meiner aufdringlichen Nachbarin. Das würde ihr so passen. Ich habe keine Lust, obwohl hier alle fleißig sind, sogar am Samstag. Da wird gehämmert und gesägt, ausgebessert und das Unkraut gejätet.

Auf den Seitenstreifen vor den Grundstücken sieht es fast überall ordentlicher aus als auf meinem Schreibtisch. Aber nicht mit mir. Ich mag das Unkraut. Kokoschka soll einmal gesagt haben, Unkraut sei die Opposition der Natur. Ich liebe all jene, die sich gegen diesen Konformismus verweigern und dann grüße ich freundlich: „Guten Morgen, Frau Nachbarin." - und greife zum Pinsel.

Kann das weg?

Jetzt habe ich allein zwei Wochen in der Laube gehaust und so sieht es auch aus. Irgendwie bin ich ein wenig verschlampt. Schauen Sie sich dagegen einmal die Laube des Nachbarn an. Jeden Tag harkt er den kleinen Weg, die Wände sind frisch gestrichen und ich höre zweimal täglich den Staubsauger brummen. In seiner Laube sieht es aus wie in einem 5-Sterne-Hotel. Es blitzt, es ist unanständig sauber, nur die vielen kleinen Nippesfiguren fallen auf. Und die perversen Plastikblumen in der Vase und das ganze Jahr Kunststoffeier an vertrockneten Zweigen.

Haben die eins an der Waffel – würde mein Gartenfreund Wilhelm-Klaus fragen, der hier schon seit über dreißig Jahren in der Kolonie lebt. Aber ich frage nicht, sondern werde aktiv. Ich räume meine Laube auf, wobei mich meine beste Freundin Johanna unterstützt. Ich habe meinen Kollegenkreis eingeladen und will einen guten Eindruck machen. Also hilft meine resolute Freundin. Sie redet wenig, stellt nur gelegentlich die Frage: Kann das weg? Es hat sich einiges angesammelt und nun schaut sie immer so energisch und entschlossen, dass ich selten nein sagen kann. Und zum Schluss sieht alles dermaßen ordentlich aus, dass ich mich kaum in der Laube bewegen mag.

## Die roten Tischdecken

Ich kannte einen russischen Psychoanalytiker, der in einem sehr kleinen Holzhaus lebte. Landhaus Berlin-Schulzendorf nannte er seine große Laube. Er gehörte dem Hochadel an, viele berühmte Leute waren bei ihm zu Besuch. Und er hatte eine Angewohnheit: Er spritzte etwas Rotwein auf die weiße Tischdecke, damit sich die Gäste wohlfühlten. Es dürfe nicht zu perfekt sein, wusste er. Sonst hätte man immer Angst, Fehler zu machen. Schließlich färbte er alle Decken rot, weil man dann die Weinflecken nicht mehr sah. Doch von dieser Gelassenheit bin ich weit entfernt. Ich putze und putze und das Schlimme ist: Jetzt sehe ich erst recht den Dreck. Vorher war alles gleichmäßig schmuddelig. Aber nun erstrahlen einige gesäuberte Stellen und die ungeputzten rufen mir zu, ich solle endlich mal den Lappen in die Hand nehmen.

Auf den Knien rutsche ich also umher – obgleich ich das bescheuert finde. Denn am Samstag kommen diese Kollegen aus der Stadt und werden mit ihren Dreckschuhen in kurzer Zeit alles ruinieren. Die haben ja keine Ahnung, wie viel Arbeit mich das hier gekostet hat. Aber das ist eben die Thematik von Sisyphus, der einen Stein immer wieder den Berg hinauf befördert, obwohl er weiß, dass er erneut runter rollt. So wird man zum Philosophen.

## Die Spielregeln

Aber viel Zeit zum Philosophieren habe ich nicht. Denn ich muss meinen Müll entsorgen. Doch zunächst werde ich durch ein Schild ermahnt, als ich einen großen Sack mit Papier zum Müll bringen will: Papier zur Wertstofftonne! Das klingt so drohend eindeutig, dass ich mich sofort auf die Suche nach dem Papiercontainer mache. Das ist wie in meiner

Kindheit, es fehlt nur noch das Lob der Großmutter: „Brav gemacht!" Im Konfirmandenunterricht bekamen wir dann immer Heiligenbilder und bei gutem Verhalten wurde man während meiner Lehrzeit lobend erwähnt. Aber hier kommt nischt.

Eher wird hier schlecht über jeden geredet, der die Spielregeln nicht einhält. Schwierig ist allerdings, dass man diese Regeln nirgends nachlesen kann. Beispielsweise lautet eine der wichtigsten Regeln, dass man seine Laube verrammelt, wenn man losgeht. Nun ist das ja irgendwie albern: Dann sieht doch jeder, dass keiner da ist. Aber natürlich halte ich mich an die Spielregeln und klappe die großen Fensterläden zu, die man innen festhaken kann. Und dann ziehe ich die Jalousien herunter, was mich sehr an meine Kindheit erinnert.

## Sinnliche Beobachtungen

Wir hatten in der Wohnung Jalousien, durch die man hindurchschauen konnte. Und gegenüber unserer Wohnung lebte ein junges Mädchen, das sich abends bei Licht auszog, um schlafen zu gehen. Sie zog sich nicht ganz aus, aber wir waren damals ja noch nicht so mit den erotischen Szenen aus Film und Fernsehen überfüttert. Jedenfalls reichte das Zuschauen, um meine Phantasie anzureizen und ich schlief unruhig ein. Meine Eltern wunderten sich immer, dass ich so früh schlafen ging und das Licht ausmachte. Hier schaue ich nicht aus dem Fenster, sondern abends lieber in ein Buch. Meine Nachbarin ist 83 Jahre alt, heißt Erna und verfügt über eine sehr laute, fast bellende Stimme. Ich staune immer, dass ihr Ehemann kommt, wenn sie ihn ruft.

Ich war schon fast tot

Dieser Ehemann ist schon ziemlich krank. Wir duzen uns, obgleich wir uns eigentlich nicht kennen. Aber wir sind ja Laubenpieper. Heute traf ich ihn auf dem Weg: „Ich grüße Dich, die Sonne scheint ja wieder mal" - sagte er ... und dann erzählte er mir innerhalb von fünf Minuten, dass er nur noch eine Niere hat, dass man ihm einen Katheter legen musste, dass er fast schon tot gewesen sei. Ihm fehlen einige Zähne, aber er lächelte tapfer und meinte schließlich: „Na - denn mal einen guten Tag." Und ging leise lachend von dannen.

Hier erfährt man alles. Mehr als man eigentlich wissen wollte. Und man erfährt auch, wann man etwas zu pflanzen hat. Es gibt so wunderbare Experten. Die sind der Ansicht, dass man Bäume nur bei Vollmond schneiden darf. „Und dann draufpinkeln." – pflegt der spöttische Gartenfreund Wilhelm-Klaus zu lästern.

## Wie man Kühe melkt

Kleingärten sind Reviere für Männer. Hier geht es nicht um Gefühle, hier muss man nicht über sich reden, hier muss man etwas wissen, man muss etwas erklären können. Auch ich gebe zu allem meinen ‚Senf' dazu, schließlich kenne ich schon die meisten Nachbarn. Wahrscheinlich geht es mir ähnlich wie der Tochter meiner Gartenfreundin Sabine. Sie sah oft die Sendung mit der Maus, in der man ausführlich erklärte, wo die Milch von der Kuh herkommt. Und eines Tages fuhr sie dann zu Freunden nach Bayern und erläuterte der Dorfjugend in einem Kuhstall, wie man Kühe melkt. Gebannt hörte man ihr zu …

… und ich blicke gebannt auf diesen wunderbaren Himmel. Nachdem es den ganzen Tag geregnet hat, scheint jetzt die Sonne mit einer solchen Kraft, als wollte sie mich für die Unwetter entschädigen. Das Blau wirkt intensiv und es ist alles von Lebenslust und einem nicht versiegenden Überlebenswillen durchdrungen.

## In Reih und Glied...

Aber die Lebendigkeit hat enge Grenzen, denn sehr aufregend sehen die meisten Gärten nicht aus. Oft stehen die Pflanzen in Reih und Glied, es gibt sogar bepflanzte Blumentöpfe. Man fühlt sich fast an ein Blumengeschäft erinnert und viele Kleingärtner haben noch nicht einmal einen Komposthaufen. Sie sind gegen die Grünen und die ganze Bio-Bewegung. Dies seien die Chaoten und Weltverbesserer.

## Die Laube von Pippi Langstrumpf

Dabei wirken die Lauben der Gartengenossen oft liebenswert chaotisch. Vielen Lauben sieht man an, dass sie in mühsamer Eigenleistung gebaut sind. So war eine Laube ursprünglich nur ein verglaster Schuppen, dann wurde noch ein Klo angebaut, dann ein Wintergarten, dann eine Küchen-Erweiterung. Und das Ganze ist so bunt, verwunschen, so liebevoll und unkonventionell, dass sie Pippi Langstrumpf gebaut haben könnte.

## Das Tempo

Kleingärten sind eine besondere Welt. Hier gelten andere Gesetze der Architektur und man lebt wie man will. Es gibt zwar feste Regeln, doch dafür fallen die üblichen Normen fort. Man ist lockerer, rennt meist unrasiert herum. Und alles verlangsamt sich. Tagore meinte einmal: Dumme rennen, Kluge warten, Weise gehen in den Garten. Und tatsächlich vermittelt die Beschäftigung mit einem Garten eine innere Weisheit. Daher ist Gärtnern auch eine Therapie. Das wusste schon Goethe, der dem jungen Fürsten Pückler empfahl, Landschaftsgärtner zu werden.

## Hier liegt der Hund begraben

Pückler war ein sehr haltloser junger Mann und Goethe wollte ihm wohl Maß und Zeit vermitteln, indem er ihm die Beschäftigung mit der Natur nahe legte. Schließlich muss man lange warten, bis man als Landschaftsgärtner das Ergebnis seiner Bemühungen sieht. Goethe konnte nicht ahnen, dass Pückler mit riesigem Aufwand ausgewachsene Bäume verpflanzen ließ. Er transportierte sie auf einem speziellen Fuhrwerk und bereitete sachgerecht den Boden für die Bepflanzung vor. Schließlich soll er dort auch noch einen toten Hund begraben haben. Auf diese Weise habe er sein Konzept der Sichtachsen jeweils nach kurzer Zeit verwirklicht.

So hatte er viel Zeit, unzähligen Frauen Liebesbriefe zu schreiben, obgleich er verheiratet war. Dabei ging er sehr effizient vor und kopierte häufig Textbausteine, die er in persönliche Zeilen einbettete. Er führte ein aufregendes Leben und wurde 85 Jahre alt. Vielleicht erdete ihn die Natur. Mich erdet die Natur auch. Tatsache ist jedenfalls, dass mich das Leben in der Datschenkolonie verlangsamt.

## Krankheiten und Verdauung

Aber doch nicht so wie bei meinem früheren Kollegen Heinz. Er ist berentet und nun erlebe ich bei ihm etwas sehr Typisches. Wenn ich ihn morgens um 9.00 anrufe, schläft er noch. Um 10.00 Uhr teilt er mir mit, er würde sich gerade ein Leberwurstbrot schmieren. Ich könne ihn gern um 12.00 anrufen. Hallo? Und wenn ich ihn dann erreiche, berichtet er mir erst einmal langatmig, was er gestern gemacht hat, was er heute gern tun würde. Seine Lieblingsthemen sind bei ihm seine Krankheiten und seine Verdauung. Ich rufe ihn in der letzten Zeit seltener an.

## Ist Aldi wirklich preiswert?

Eigentlich liebe ich Gespräche und suche die Nähe meiner Mitmenschen. Aber es gibt auch eine Zwangsnähe, bei der ich mich frage: Wo ist der Knopf zum Abstellen? Als Kind hatte ich eine Mutter, die immer zu laut sprach und unangemeldet in mein Zimmer kam und lange träumte ich davon, allein in einem Turm zu leben.

Doch nun sitze ich hier auf der Terrasse und die Nachbarn auch und sie reden und ich muss zuhören:

Warum sind die Rolltreppen so oft kaputt?
Ist Aldi wirklich preiswert?
Wie wird das Wetter?
Wird es wieder regnen?
Kommt jetzt der Sommer?
Warum liegen so viele Pflaumen auf dem Rasen?
War die Mark besser als der Euro?

„Kinder - haben die Sorgen", hätte meine Großmutter gesagt. Ich brauche kein Kino, kein Radio, kein Fernsehen, ich habe Nachbarn:

So tönt es von links:
„Erika heiratet nächste Woche."
Und von rechts:
„Bei Netto gibt es billige Gartensäcke."
Und von links:
„Ach Werner, erinnerst Du Dich noch an unsere Hochzeit?"
Und rechts:
„Die Spaten sind auch preiswert."

Normalerweise werde ich in meiner Praxis für das Zuhören bezahlt, aber ich weiß nicht, ob das meine Nachbarn auch so sehen.

## Das erholsame Schweigen

Kürzlich habe ich einen Film über ein Kloster gesehen, in dem man schweigen musste. Vielleicht sollte ich meinen Nachbarn die Adresse geben. Mit meinem besten Freund kann ich auch schweigen. Das ist für mich der schönste Ausdruck einer vertrauensvollen Beziehung. Doch mit meinen Nachbarn bin ich nicht befreundet und ich stelle mir gelegentlich die Frage: Warum schreien die eigentlich so? Um weite Strecken zu überbrücken, hat man das

Telefon erfunden. Aber die reden so, als gäbe es noch die Strippen-Blechdosen.

## Das Blechtelefon der Kindheit

Kennen Sie das noch aus Ihrer Kindheit: Wir nahmen zwei große Dosen, bohrten ein Loch hinein, verbanden dann beide Dosen mit einer langen Strippe, die am Ende einen riesigen Knoten hatte? Fertig war das Dosentelefon. Dann rannte der eine in die eine Ecke des Gartens, der andere in die andere. Und nun brüllte man in die Dose, weil sich die Schallwellen durch die Strippe übertragen sollten. Wir brüllten so laut, dass man uns über Kilometer hinweg verstehen konnte. Aber wir waren natürlich überzeugt, dass wir unsere Verständigung dem Blechtelefon zu verdanken hatten. Das Blechtelefon konnte man weglegen, aber die Nachbarn?

## Es lohnt ja doch nicht

Meine Großmutter hatte eine wirkungsvolle Methode, um nicht zuhören zu müssen. Sie stellte häufig ihr Hörgerät ab und meinte voller Lebensweisheit: „Es lohnt doch nicht." Wir mussten sehr laut reden, damit sie uns verstand. Wenn ich gerade meine Großmutter besucht hatte, bekam ich von den Freunden zu hören: „Schrei doch nicht so." Erst nach einem Tag hatte meine Stimme die normale Lautstärke wieder gefunden.

Noch bin ich nicht schwerhörig. Daher weiß ich nicht, ob gerade ein Unglück passiert ist. Ich war kurz in der Laube, komme wieder raus und höre nichts. Also - ich höre nur die Vögel. Ach ist das schön hier... und die Nachbarn sind auch zu ertragen. Sie sind ja selten da. Sie sind eher wie Besuch. Bei uns zuhause freute man sich über jene Besucher, die nicht zu lange blieben. Nun sind also meine Nachbarn weg und ich höre wieder die Vögel.

Das gesunde Leben

Das Leben in einer Laubenpieperkolonie ist wunderbar. Es ist vor allem gesund. Ich härte immer mehr ab und werde nicht krank. Die 14 Tage haben mich sehr verändert. Bei diesem Mistwetter sitze ich draußen, laufe barfuß über den feuchten Rasen, schlafe in der ungeheizten Laube, obgleich nachts die Temperatur auf 12 Grad sinkt.

## Meine Fingernägel

Und woran erkennt man einen Kleingärtner? An seinen Fingernägeln! Ich kann sie putzen so viel ich will, immer sitzt ein wenig Dreck unter den Nägeln. Und immer habe ich irgendwo Kratzer. Ich arbeite an den Himbeeren, verbiege mich wie ein Gummimensch, um die Sträucher hochzubinden, die sich über den Weg neigen – und spüre ständig die Dornen. Jede kleinste Arbeit verleiht mir das Ehrenzeichen der Kleingärtner: hier eine Schramme, dort eine Schramme. Aber die Ehrenmedaille, das eigentliche Erkennungszeichen der Eingeweihten, ist natürlich die Hornhaut.

## Hornhaut an Händen und Füssen

Alle Orden haben Rituale und geheime Erkennungszeichen. Als Kleingärtner gehört man nur dazu, wenn man Hornhaut auf den Händen und den Füssen trägt. Gestern habe ich mir schon Schrundensalbe für die Füße gekauft und habe einen Termin mit der Fußpflegerin vereinbart. Ich höre bereits ihren Schrei: „Wie sehen Sie denn aus!" Ich werde mir also gründlich die Füße waschen.

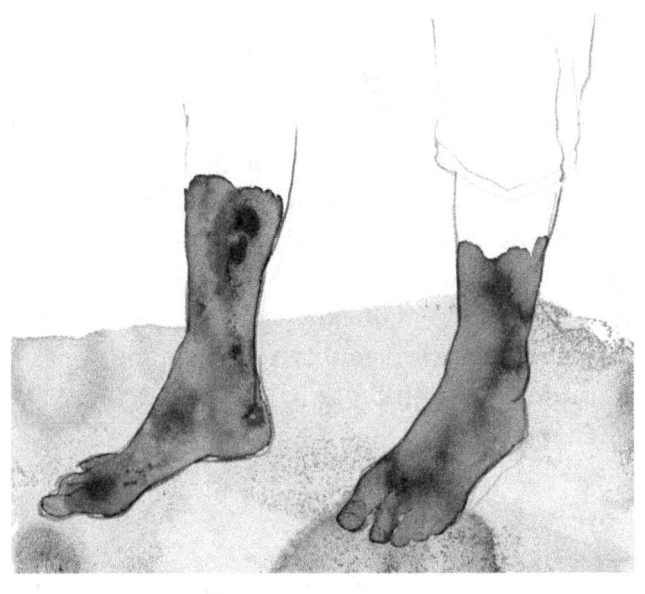

## Kindlicher Protest

Als Kind bin ich einmal in einen Ich-wasche-mir-die-Füße-nicht-Protest getreten. Meine Füße waren schließlich schwarz und ich war stolz, mich endlich gegenüber meiner übergriffigen Mutter durchgesetzt zu haben. Von diesem Zustand sind meine Füße nicht weit entfernt.

Der Eiermann

Apropos Mutter und Abstand... Bei dem Kauf einer Laube ist natürlich wichtig, dass sie etwas abseits liegt. Sonst hat man ständig ungebetenen Besuch. Außerdem es ist wichtig, dass man nette Nachbarn hat. Die nicht zu laut sind. Haben Sie mal stundenlang Musik gehört wie: „Tam, tam, tam ... jetzt kommt der Eiermann?" Glücklicherweise ist das Kofferradio meines Nachbarn seit einigen Tagen kaputt, aber dafür ereilt mich jetzt der Wochenend-Lärm.

Mo-ni-ka

Die lieben Kinder des Nachbarn sind zu Besuch. Ich weiß: Kinder sind wichtig. Sie zahlen unsere Rente, sie sind unsere Zukunft. Aber: Warum schreien die lieben Kleinen eigentlich immer? Ein Schrebergarten ist so winzig, da hört man sich doch auch so ganz gut. Und die Eltern: sie schreien auch! „Mo-ni-ka ... das darfst du nicht essen." Darauf folgt die Ermahnung: „Die Stachelbeeren müssen erst gewaschen werden, die Brombeeren sind noch nicht reif und die Schaukel..." Mo-ni-ka sitzt auf der Schaukel und fliegt dem Himmel entgegen. Endlich sich austoben können und träumen. „Denkste Puppe" – pflegt Gartenfreund Wilhelm-Klaus zu sagen. Denn Mo-ni-ka hat nicht bedacht, dass sie sich ständig auf dem neu gesäten Rasen abstößt, wo mittlerweile ein schwarzes Loch entstanden ist. Und ihre ‚Flugbahn' zielt bedrohlich auf die Scheibe der Werkzeugkammer. Mo-ni-ka... Dann will sie im kleinen Plastikbecken schwimmen. Mit hoch rotem Gesicht pusten also die Eltern die Wülste auf... „Basti – blas doch mal!" – muntert ihn seine Frau auf. Und bis zum Abend höre ich immer wieder den lauten Schrei: „Mo-ni-ka..." Warum schreien Eltern so?

Heute ist es wieder ruhig. Man hört nur die Vögel, von der Ferne dringt der Geräuschteppich der Autobahn zu mir herüber. Mir ist leicht ums Herz.

## Die Bäuche meiner Nachbarn

Ich freue mich, dass die Temperatur steigt. Obgleich die Kleiderordnung immer lockerer wird. Die Bäuche meiner Nachbarn erinnern mich an einen Spruch, den ich einmal auf einer Insel hörte. Im Hotel gab es eine Verkaufsveranstaltung für Herrenbekleidung und dort verkündete ein graumelierter Spanier:

„Ein Mann ohne Bauch ist wie ein Himmel ohne Sterne." Die Männer klatschten wie wild. Jedenfalls laufen hier die Männer mit Shorts rum, mit denen man in Spanien nicht in eine Kirche gehen sollte. Erinnern Sie sich noch, wie die Deutschen in den siebziger Jahren mit Shorts und Sonnenbrille alles besichtigten, was auf ihrem Reiseplan stand? Tatsächlich fühle ich mich wie im Urlaub.

Irgendwie ist das Leben hier einfacher, unkomplizierter und intensiver als in der Innenstadt. Es ist so, als hätte ich keine Winterstiefel mehr an. Kennen Sie noch das Frühlingserlebnis? Sie durften als Kind endlich die Winterstiefel in den Schrank stellen und hopsten mit leichten Schuhen die Treppe runter? Welch ein Unterschied! Oder Sie waren krank und erleben die ersten schönen, unbeschwerten Tage. Intensiv leben wir immer dann, wenn es Unterschiede gibt. Jedenfalls sagte mein Lehrer Marotzke, wir würden uns in Deutschland deshalb so wohl fühlen, weil es den Winter, den Frühling, den Sommer und den Herbst gäbe. Also den Sommer gab es bisher nicht. Es regnete und regnete.

## Wenn die Sonne den Hintern küsst

Aber nun scheint tatsächlich die Sonne, der Himmel ist so blau, als „könne man ihm den Hintern küssen". So redet immer Gartenfreund Wilhelm-Klaus und seine Frau lächelt dazu verschämt. Aber ich mag doch die leicht frivole Art von Wilhelm-Klaus. Er ist wesentlich herzlicher, manchmal so erfrischend albern und so ganz anders als Erich, dem Vorsitzenden. Es ist sicher eine Last, wenn man in der Nachwendezeit Erich heißt. Und dieser Vorsitzende lädt mich tatsächlich nach zwei Wochen zu einem Gläschen Wein ein. Mich und meine bessere Hälfte. Doch ich bin Single und so mache ich mich allein auf den Weg.

## Aufgeräumt und ungemütlich

Seine Laube ist super aufgeräumt. Sie ist so aufgeräumt, dass ich selbst diese kitschigen Lauben mit Madonnen und Engeln wohnlicher finde. Jede Zeit hat doch ihre eigene Gemütlichkeit. Erinnern Sie sich noch an die Lampen, in denen sich eine Folie drehte, die beleuchtet war? Man hatte immer den Eindruck, dass ein Wasserfall in Bewegung war. Oder dass eine Dampflokomotive lief und lief und lief. Davon ist jedenfalls in der aufgeräumten Laube nichts zu sehen. Ich fühle mich mehr an den früheren Charme von Jugendherbergen erinnert, wo an den Duschräumen stand: Mädels (Pfeil nach links) und Jungs (Pfeil nach rechts). Und morgens gab es Kaffee aus großen Aluminiumkannen. So schweifen also meine Gedanken ab, als ich den trockenen Weißwein und die Gürkchen und die Bockwurst vorgesetzt bekomme. Die Gürkchen seien aus dem Spreewald und die Bockwurst entspräche mit ihren groben Fleischanteilen der alten DDR-Produktionsweise. Es ist eine Wurst von unseren – pflegen die Ossis zu sagen. Ich trinke also diesen trockenen Weißwein, es muss ein Sonderangebot des nahe liegenden Supermarkts sein. Jedenfalls ist mir schon schlecht, als wir uns dann etwas näher kommen.

## Die allseitig entwickelte Persönlichkeit

Er wird persönlicher und stellt sich vor: Er sei früher Parteisekretär in einem großen Chemiekombinat gewesen. Die Wende habe ihn kalt erwischt. Hilfe – denke ich - weiß er, dass ich aus dem Westen bin? Und dann fragt er, was ich denn beruflich so machen würde. Ich sei Psychotherapeut, antworte ich unbefangen. Ich sei Spezialist für Partnerschaftsprobleme und hätte darüber einige Bücher geschrieben. Momentan würden mich die Grundlagen der Sexualität beschäftigen. Gern würde ich noch weiter erzählen, aber ich blicke in das verblüffte Gesicht des Parteisekretärs. Und ich muss schmunzeln, denn mir fällt eine Geschichte ein, die sich noch zu Zeiten der Mauer ereignete.

Eines Tages kam mein Freund Alberto zu mir, der in der Sozialistischen Einheitspartei Westberlin engagiert war. Er hatte früher als Brauer gearbeitet, fühlte sich der Arbeiterklasse verbunden und wollte etwas zum Aufbau einer besseren Welt beitragen. Und vor allem: Er wollte, dass wir armen Studenten uns erholen und einmal genug zu essen bekommen. Daher vermittelte er uns eine Fahrt zum Pressefest in Cottbus. Höhepunkt sollte eine Kahnfahrt im Spreewald sein. Drei Tage DDR für 23 DM – das überzeugte mich und vier weitere Psychologiestudenten kamen mit.

Am ersten Abend wurde der Reisegruppe ein Parteifunktionär vorgestellt, der unsere Fragen beantworten sollte. Natürlich fragte zunächst niemand. Nur wir angehenden Psychologen wollten wissen, was man denn für die Entwicklung der allseitig entwickelten sozialistischen Persönlichkeit tun könne.

## Wenn man Eheprobleme hat

Ich studierte an einem linken Institut und dort war man überzeugt, dass insbesondere die Arbeiterklasse an der Entwicklung des neuen Menschen beteiligt sei. Der Funktionär räusperte sich, zog an seiner farblosen Krawatte und brachte dann Worthülsen, die ich längst vergessen habe. Einer meiner Freunde ließ sich damit aber nicht abspeisen und wollte dann noch wissen: „Was macht man in der DDR, wenn man Eheprobleme hat?" Der Funktionär erwiderte, ohne mit der Wimper zu zucken: „Wer Eheprobleme hat, wendet sich an das Kollektiv." Wir kicherten und lachten schließlich so laut, dass wir nicht mehr reden konnten.

## Wenn man sexuelle Probleme hat

Doch Paul gelang die Selbstbeherrschung. Und so fragte er weiter: (lachend) „Was macht man (lachend), wenn man sexuelle Probleme hat?" Wir kicherten schon jetzt. Aber wir steigerten uns in Lach-Salven hinein, als wir die Antwort hörten. Es war wie bei Loriot. Der Funktionär verzog keine Miene und sagte nur: „Wer sexuelle Probleme hat, geht zum Direktor." Jetzt war es mit unserer

Fassung vorbei. Wir brüllten nur noch vor Lachen, bis uns die Bauchmuskeln wehtaten.

## Staatsfeindliche Elemente

Am nächsten Morgen sagte uns die Reisebegleiterin, es gäbe staatsfeindliche Elemente im Bus, die man nicht in die Partei aufnehmen wolle. Das löste unseren Lachreflex wieder aus. Wir wollten ja überhaupt nicht in die Partei, wir hatten es nur auf die Schweineschnitzel abgesehen und die Bootsfahrt im Spreewald war auch ganz toll.

## Auf der Flucht

Im Unterschied zu den fettigen Würsten, die mir jetzt im Magen liegen und dem verdammt trockenen Weißwein. Und sehr trocken ist auch die Stimmung, die mich an den Spreewald-Funktionär erinnert. Meine Stimmung wird nur etwas beschwingter, als Erich etwas merkwürdig schaut und „So?" – murmelt. Ich verstehe dies als Frage und fühle mich angeregt, einiges zu sagen: Die Sexualität sei wichtig, ich könne mir eine Partnerschaft ohne Sex nicht vorstellen. Und die Erotik sei immer ein Spiegelbild einer Beziehung. Man könne zwei Menschen die Art ihrer Sexualität ansehen.

„So!" – sagt daraufhin wieder der Funktionär, die Stimmung wird noch ein wenig reservierter. Es bleibt bei diesem einmaligen Treffen. In den kommenden Wochen sehe ich den Vorsitzenden nur von weitem. Er wirkt so wie Dr. Kimble auf der Flucht – wie der Name einer amerikanischen Fernsehserie lautet.

Ich werde immer skeptischer. Eine Laube steht leer, ich könnte sie pachten. Aber soll ich hier wirklich heimisch werden? Doch diese Frage stelle ich mir nicht mehr, als ich an der Jahreshauptversammlung vertretungsweise teilnehme. Den Vorsitzenden kenne ich ja schon. Aber auch der restliche Vorstand besteht nur aus alten Männern, würde meine Tochter sagen. Sie sind etwa siebzig Jahre alt und wirken auch so.

## Werte Gartenfreunde

Einmal im Jahr trifft man sich in dem Gartenlokal, wo vor allem Eisbein mit Sauerkraut serviert wird. Ich bin immer schon satt, wenn ich Eisbein mit Sauerkraut sehe. Aber dem Vorstand schmeckt es und der Vorsitzende eröffnet die Sitzung. Er steht auf, streicht den Vereinswimpel glatt, der auf dem Tisch steht, und beginnt mit einer völlig emotionslosen

Stimme: „Werte Gartenfreunde. Wir versammeln uns hier heute zur ..." Er liest doch tatsächlich alles vom Zettel ab, keiner hört zu. Es ist so langweilig und so schräg. Dagegen hat jede Parteiversammlung die Lebendigkeit eines Karnevalvereins.

## Nur die Wanduhr tickt

Aber es wird noch bedächtiger. Der Vorsitzende steht auf und fordert mahnend: „Und nun - nun erheben wir uns, um der in diesem Jahr Verstorbenen zu gedenken." Vollkommene Stille, nur die Wanduhr tickt. Die Zeit verstreicht, einige halten sich mühsam am Tisch fest. Andere greifen beherzt nach ihrem Krückstock. Eine Minute kann so verdammt lang sein.

Endlich setzt sich der Vorsitzende wieder und kündigt den Bericht des Kassenwartes an. Und dieser liest nun – ebenfalls vom Blatt - vor, wie viel Geld man für Reparaturen, Porto, Wassergeld und Pflanzen ausgegeben hat. Cent für Cent wird alles erwähnt, man ist hier wirklich gründlich. Ich werde müde, immer müder.

## Hier ist kein Urwald

Ich wollte nicht aus dem Rahmen fallen, hatte auch Eisbein bestellt, das in meinem Magen rumort. Und mir ist langweilig. Monoton hudelt der ehemalige Funktionär die Tagesordnungspunkte ab. Und auf seine wiederholte Frage: „Hat jemand noch was zu sagen?" - meldet sich immer nur Gregor mit der Bemerkung: „Hier ist kein Urwald." Dann trinkt er einen Schnaps, schaut vorwurfsvoll in die Runde und schweigt. Meint er mich? Immer wieder liegen auf dem Weg einige Zweige ‚meiner' Hecke, die schon lange nicht geschnitten wurde. Stumme Mahnungen von Gregor? Kindergarten – denke ich. Gelegentlich lege ich einige Zweige zurück an die Gartenpforte von Gregor! – Solche ‚Botschaften' bin ich hier ja schon gewöhnt. Aber üblich ist das sonst doch nur bei zerstrittenen Ehepaaren, die nicht mehr miteinander reden. Stumm legen sie dem Partner die unerledigten Sachen auf den Tisch, schreiben höchstens noch einen kurzen Zettel: EILT!

Jedenfalls redet der Vorsitzende über die letzten hundert Jahre der Kolonie, entwirft mit unendlich vielen Zahlen die Vision der Zukunft. Und er hat eine so gedämpfte Stimme, dass ich einschlafe.

## Langeweile und Erholungsschlaf

Schon immer hatte ich eine Fähigkeit, um die mich andere beneiden: Ich schlafe ein und schnarche, wenn ich mich langweile. Und wache erst auf, als der Vorsitzende die erlösenden Worte spricht: „… und nun komme ich zum Schluss." Ich fühle mich mehr tot als lebendig und mir ist klar, dass ich nie Laubenpieper werden könnte. Nachdem ich abends die letzte Mücke gefangen habe und kurz vor dem Einschlafen bin, frage ich mich nur: Ist das nicht eine absurde Welt?

## Wieder zuhause

Mein Freund Adam kommt morgen zurück. Ich nehme Abschied von der Datschenkolonie und ziehe wieder in meine Stadtwohnung. Allmählich beruhige ich mich. Sicher – meine Erlebnisse in dieser Kleingartenkolonie waren komisch. Und der Vorsitzende war ziemlich merkwürdig. Aber war dies so ungewöhnlich? Ich habe ja die Unlebendigkeit von Amtsträgern auch im Westen kennen gelernt. Ich bin aus allen Vereinen ausgetreten, weil ich überall den Funktionärs-Typ traf, dem formale Vorschriften wichtiger als Inhalte waren. Ich habe mich daran gewöhnt, dass man überall seltsame Menschen trifft, die gern bestimmen. Deshalb bin ich zum Einzelkämpfer geworden. Doch sobald genug Abstand zu meinen Mitmenschen vorhanden ist, verstehe ich mich mit ihnen recht gut.

## Allein auf dem Balkon

Schwierig ist das Zusammenleben vor allem dann, wenn es viel Nähe und wenig Ausweichmöglichkeiten gibt. Daher ist jede Ehe eine Herausforderung. Daher ist auch das Leben im U-Boot so schwierig. Ich brauche Rückzugsräume. Darum befremdet es mich, wenn ich von dem griechischen Physiotherapeuten massiert werde und – nur durch einen dünnen Vorhang getrennt – die Krankheitsgeschichte von Frau Müller mithören muss, die im dritten Stock unseres Hauses wohnt. Kurzum: Ich liebe meine Mitmenschen, wenn ich allein auf dem Balkon meiner Wohnung liege.

Ansonsten habe ich mich auch bei meinen Freunden im Osten sehr wohl gefühlt. Ich habe dort viele intensive Freundschaften begonnen. Oft saßen wir abends zusammen und sangen die alten Lieder:

*Von all' unsern Kameraden
war keiner so lieb und so gut,
wie unser kleiner Trompeter,
ein lustiges Rotgardistenblut*

Und zu später Abendstunde verkündeten wir:

*Spaniens Himmel breitet seine Sterne
Über unsre Schützengräben aus…*

Wenn ich ehrlich bin: Ich mochte vieles an dieser Laubenkolonie, die eine Insel der Hilfsbereitschaft war. Aber viele Erlebnisse waren doch sehr schräg und am Rande der Komik. Allerdings weiß ich genau, dass es diese Laubenkolonien überall gibt. Deshalb werde ich nie Laubenpieper werden.

> Grau, teurer Freund, ist
> alle Theorie und grün des
> Lebens goldner Baum
> Goethe

## Frau mit Laube

In den letzten Jahren fuhr ich regelmäßig auf meiner abendlichen Radtour durch eine Laubenkolonie und mir war völlig klar: Hier gehöre ich nicht hin. Doch vor vier Jahren hatte ich dann das große Glück, eine Laubenbesitzerin kennen zu lernen, die um die Ecke wohnt. Es kommt im Leben auch auf solche nahe liegenden Dinge an und so kamen wir uns auch sonst näher.

## Kaffee unterm Pflaumenbaum

Mein Bild vom Laubenpieperdasein veränderte sich schleichend. Zunehmend verbrachten wir immer mehr Zeit in der Laube. Ein Lebenswunsch war in Erfüllung gegangen, den ich bisher verdrängt hatte. Ich wollte zwar kein Laubenpieper werden, aber ich hatte immer davon geträumt, unter einem Pflaumenbaum zu liegen und einen Kaffee zu trinken, der mir von einer Fee gereicht wird.

Einen Pflaumenbaum gibt es hier tatsächlich. Aber wann liege ich im Liegestuhl? Meist bin ich aktiv, schraube hier, bohre dort, Männer wollen sich ja immer von der besten Seite zeigen. Schließlich will ich hier bleiben, denn ich habe meine Bestimmung gefunden. Alte Kindheitsträume werden lebendig.

## Komm in meine Liebeslaube

Als Kind verlebte ich viele Sommer in der Gärtnerei meines Onkels. Auf einer riesigen Fläche pflanzte er Erdbeeren an, Kirschbäume neigten sich unter der Last der roten Früchte, aber besonders schön fand ich die Gewächshäuser. Dort war eine so feuchte Tropenluft, dass sich nicht nur die Kakteen, sondern auch die Schildkröten sehr wohl fühlten.

Mit den Kakteen ging meine Urgroßtante jeden Abend auf Kneipentour. Sie spielte auf den völlig verstimmten Klavieren der Berliner Eckkneipen und sang dazu: „Komm in meine Liebeslaube." Das klang so schön schräg, dass wir uns als Kinder vor Lachen fast in die Hose machten. Und in den Kneipen kaufte man ihr die Kakteen ab.

## Die großen Landschildkröten

Es war wohl eine dreifache Prämie: Man freute sich über ihren Gesang, hatte Mitleid und war froh, wenn sie wieder ging. Jedenfalls verkaufte sie jeden Abend die Kakteen aus dem Gewächshaus, in dem auch die Schildkröten lebten, die mir als Kind riesig vorkamen. Ich liebte es, mich auf die Panzer zweier Schildkröten zu stellen. Ein wenig fühlte ich mich dann wie der römische Wagenlenker Ben Hur – nur viel langsamer, sehr viel langsamer. Aber was ich sagen wollte: Ich bin mit Blumen und Gemüse aufgewachsen. Ich habe eine Bauernseele. Das wurde mir bewusst, als ich mich auf die Suche nach meinen Vorfahren begab.

Mein Großvater war Beamter und hatte mühsam seinen arischen Nachweis erstellt. Und nachdem ich halbwegs die alte Schrift entziffert hatte, wurde mir klar: Meine Vergangenheit liegt auf dem platten Land. Kein Pfarrer, kein Apotheker oder Arzt gehörte zu meinen Vorfahren. Auch kein Lehrer. Es waren alles ganz einfache Landarbeiter.

Deshalb geht auch mein Herz auf, wenn ich am Wochenende mit dem Fahrrad in der

Mark Brandenburg unterwegs bin. Die leuchtenden Rapsfelder, der Duft der gedüngten Felder und der Anblick von Kühen und Pferden beruhigen mich. Aber besonders intensiv habe ich das Gefühl des Angekommenseins im Kleingarten. Einer meiner Freunde schwärmte früher von Frauen mit großen Brüsten, ein anderer ließ sich gern bekochen. Für manche mag die Erotik unentbehrlich sein, für mich ist auch die Laube wichtig.

## Das gemeinsame Thema

So eine Laube ist wunderbar. Sie kennen doch sicher Ehepaare, die sich nur noch anschweigen? Das ist in einer Laubenkolonie kaum möglich, denn es gibt immer Gesprächsthemen: mal regnet es, mal nicht. Erst redet man über die Pflaumen, weil sie zu früh vom Baum fallen. Dann redet man über die Pflaumen, weil sie reif sind. Und im Herbst redet man schon wieder über den Pflaumenbaum, der nach einem Rückschnitt verlangt. Gartenfreunde haben immer ein Thema und eine gemeinsame Aufgabe. Egal ob man sich versteht oder nicht: Der Komposthaufen muss durchgesiebt, die Regenrinne repariert werden. Einer muss die Leiter holen, der andere die Sicherung raus drehen.

Und vor allem: Frauen werden anhänglich. Auch die so starken Frauen werden ängstlich und suchen den Schutz von uns Männern, wenn sie einer Maus begegnen oder eine große Spinne über ihr Gesicht krabbelt. Dann können wir Männer wieder Tarzan sein und unsere Jane retten. Zu Mäusen und Spinnen habe ich seitdem ein fast zärtliches Verhältnis.

## Das Angebot

Jedenfalls fühle ich mich in der Laube immer wohler und nach einem Jahr macht mir meine Partnerin ein großzügiges Angebot. Sie muss beruflich nach Westdeutschland. So nennen wir Berliner jenes Deutschland, das früher hinter der DDR-Grenze lag. Für uns war Berlin der Mittelpunkt der Welt und Hamburg und Hannover und München – das war Westdeutschland. Sie muss also nach Westdeutschland und fragt mich: „Willst Du nicht in dieser Zeit auf meine Laube aufpassen?" Und so ziehe ich tagsüber wieder in eine Laube, diesmal im Westteil Berlins – in Charlottenburg. Und dieser Sommer ist so verregnet wie damals. Glücklicherweise vergessen wir manchmal, wie regenreich Sommer sein können.

## Der Vorsitzende

Nach ein paar Tagen habe ich mich eingewöhnt und liebe die Gartenfreunde, die so hilfsbereit, nett und mitunter merkwürdig sind wie überall. Aber was mir sehr auffällt: Diese Kolonie ist anders. Der Vorsitzende dieses Laubenpiepervereins hat lange Haare, studierte früher Philosophie und ist innerlich der Studentenbewegung treu geblieben. Er hat eine lockere Art und so endet die Schweigeminute für eine Verstorbene bei ihm schon nach 24 Sekunden mit dem Hinweis, die Tote hätte es sicher nicht anders gewollt. Und völlig erstaunt bin ich, als er den aufrührerischen Satz ausspricht: „Unordnung ist normal!" Und die zweite Vorsitzende ist Sozialarbeiterin, einige Mitglieder sind Lehrer und Pädagogen und wir haben sogar zwei Künstlerinnen. Dies ist keine typische Laubenkolonie. Oder sehe ich manches nicht mehr so eng? Vielleicht ist vieles auch so geblieben, vielleicht bin ich nur älter geworden und weiser.

Ich zähle jetzt die Monate bis zu meiner Rente und freue mich, der stolze Mitbesitzer dieser Laube zu sein. Zumindest fühle ich mich so, obgleich mir die Laube nicht gehört. Aber meine Liebste teilt mir immer beiläufig mit:

„Wir müssen unsere Hecke schneiden. Wir müssen unseren Komposthaufen umsetzen."

## Die Laube in der Nähe

Ich verbringe also meinen Sommer in der Laube und fahre gelegentlich in meine Praxis. Es ist wunderbar, dass die Laube in der Nähe liegt. Denn immer vergisst man etwas. Daher hängt an der Innentür der Laube ein Schild. Ich fühle mich dann wie ein Pilot, der vor dem Abheben seine Checklist durchgeht: Licht aus? – steht als erstes auf dem Schild. Und dann kommt: Fensterladen zu, alles abgeschlossen? Alarmanlage an? Na, ja… diese Alarmanlage ist auch so ein Witz. Der einzige, den diese Anlage verschreckt, bin ich selbst. Manchmal vergesse ich, dass ich die Anlage scharf geschaltet habe und dann ertönt ein schriller Alarm, der mir durch Mark und Bein geht. Aber glauben Sie nicht, dass jemals ein Nachbar auftaucht und fragt. Es kann stundenlang pfeifen und schrillen, das interessiert niemanden. Dennoch schalten wir immer die Anlage scharf, wenn wir gehen. Es ist eine Selbst-Erschreck-Anlage.

Dann steht auch noch die Frage auf der Liste: nichts vergessen? Diese Frage ist gemein: Woher soll ich wissen, dass ich nichts vergessen habe? Meist fallen mir ja solche Sachen erst ein, wenn ich wieder fast zuhause bin. Und genau dies ist ja das Problem getrennter Haushalte.

## Das vergessene Bügeleisen

Wenn wir als Kinder in den Garten fuhren, gab es fast schon ein Ritual. Sobald wir die Hälfte der Strecke bewältigt hatten, fragte meine Mutter: Haben wir wirklich das Bügeleisen ausgemacht? Woher sollten wir das wissen? Also fuhren wir zurück und ebenso erging es uns, wenn wir feststellten, dass wir die Bohrmaschine, die Dauerwurst, den Badeanzug oder die Zahnpasta vergessen hatten.

## Die riesigen Koffer

Alles braucht man doppelt. Vor allem die kleinen Gegenstände: die Flaschenöffner, den Wecker - auch die Medikamente. Ich frage mich manchmal: Wie war das früher, als nicht nur Könige ihren Haushalt im Sommer verlagerten? Selbst Goethe war ja oft auf Reisen. Und Mozart und Sigmund Freud. Man musste doch früher mit riesigen Truhen und Überseekoffern reisen?

## Mit der Welt verbunden

Allerdings braucht man nicht nur alles doppelt, man muss vor allem erreichbar sein. Glücklicherweise gibt es heute das Handy. Und mit einem kleinen Internet-Stick ist man mit der großen Welt verbunden. Wie hat meine Großmutter eigentlich leben können? Sie lebte völlig abgeschieden – ohne Fernseher und Radio und natürlich ohne Internet und Telefon.

Doch es ist merkwürdig – mancher genießt es heute wieder, nicht erreichbar zu sein. Ich habe Kollegen, die in die Berge fahren, um dort die Einsamkeit zu erleben. Aber ich sitze allein in der Laube, freue mich über den blühenden Garten und bin erreichbar und erhole mich trotzdem. Ich komme langsam zu mir und werde weise.

Vorhin sah ich einige Schnecken am Komposthaufen und beschloss: Ich schenke euch das Leben. Und als ich einkaufen fuhr, war ich dermaßen verlangsamt, dass ein Autofahrer brüllte: Grüner wird's nicht. Verträumt merkte ich nicht, dass mir die Ampel das Signal zum Weiterfahren gegeben hatte.

## Muskelkater und blaue Flecke

Meine Welt kreist um die Gartenarbeiten. Immer ist etwas zu tun. Also säge ich Bretter zu, streiche, grabe um und beschneide die Sträucher. Es macht mir Spaß, obgleich ich ständig Muskelkater habe. Und der Hammer landete neulich so schwungvoll an meinem Knie, dass es tagelang mit einem blauen Fleck verziert war. Aber es ist schön, selbstbestimmt zu arbeiten.

Karl Marx meinte, das wichtigste Arbeitsinstrument seien unsere Hände. Das stimmt – man muss nur aufpassen, dass selbige nicht in die Säge geraten oder zwischen zwei Brettern eingequetscht werden. Die Arbeit am Computer ist doch ungefährlicher.

## Die reparierte Klospülung

Aber im Garten sieht man, was man tut. Ich repariere hier nicht nur Steckdosen, nachdem ich mich vorher im Internet darüber informiert habe, welchen Draht man an welcher Klemme anschließen muss. Ich repariere auch den Gartenzaun und die Klospülung und habe jene schnellen Erfolgserlebnisse, die ich bisher vermisste. Und ich bin sehr zufrieden mit meinem schiefen Bretterzaun, den ich neu aufgebaut habe sowie auf die wacklige Außenbeleuchtung, die seit gestern an der Stirnseite der Laube prangt.

## Wabi Sabi

Besonders freue ich mich über mein selbstgebautes Rankgitter, das ich aus abgesägten Ästen gebaut habe. Es erinnert mich an Wabi Sabi, einem alten japanischen Konzept der Ästhetik. Hier geht es um die verborgene Schönheit, die sich bereits in einem verrosteten Teekessel zeigt. Und auch ich fühle mich angesichts der krummen Zweige, um die sich der Blauregen rankt, als Künstler.

## Die glückliche Klofrau

Noch letzte Woche diskutierten wir im Kollegenkreis über die Frage: „Was macht glücklich?" Hier habe ich mein Glück gefunden. Sartre meinte einmal, das Glück würden wir in einer unkomplizierten Welt finden, in der wir alles vereinfachen. Darum sei eine Klofrau glücklich – schlussfolgerte mein Philosophieprofessor. Nur weiß ich nicht, ob das immer stimmt. Ich kenne einige Klofrauen, die nicht gerade glücklich in die Welt blicken.

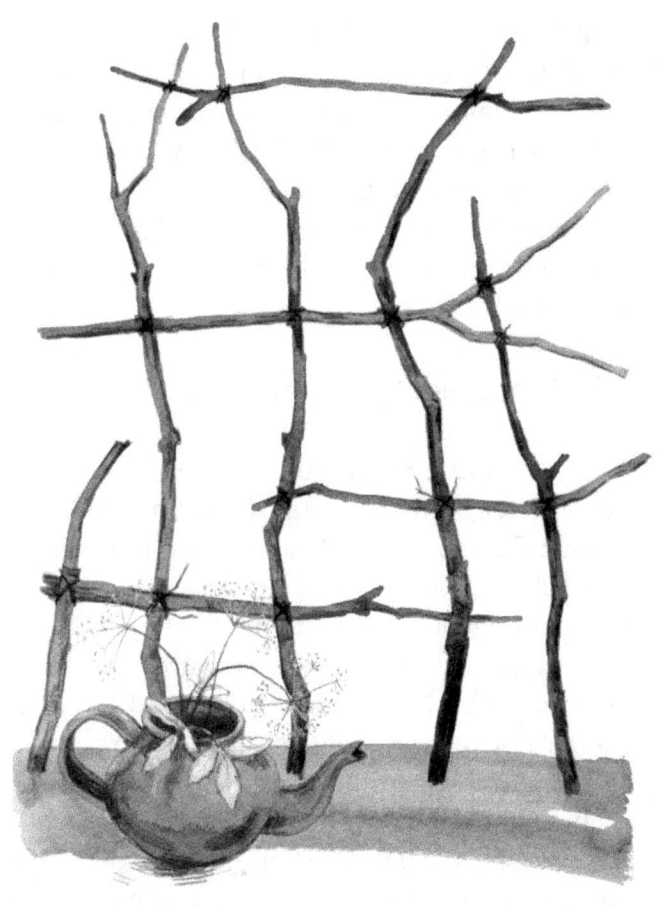

Aber ich bin tatsächlich glücklich. Nachdem ich zunächst im Büro gearbeitet habe und dann in der Therapiepraxis Seelen retten wollte, weiß ich endlich, wer ich bin: Ich bin Handwerker. Jeder Laubenpieper ist ein begnadeter Handwerker. Hier tropft es, dort hängt etwas runter und es macht Spaß, alles selbst zu reparieren. Und natürlich habe ich dafür das passende Werkzeug. Zwei große Bohrmaschinen, drei Sägen, vier Hämmer und vor allem: tausende Schrauben und Nägel in allen Ausführungen.

## Die Arche Noah

Männer sind immer auf alle Eventualitäten vorbereitet. Frauen kaufen Kleidung, Männer kaufen Schrauben – erklärte ich meiner besseren Hälfte. „Doch wozu brauchst Du das alles" - fragte sie. „Ich baue die Arche Noah." - antwortete ich ernst. Sie schaute aus dem Fenster, es schüttete wieder einmal. Und meine Partnerin sagte nichts mehr, sondern blickte mich mit jenem Gesichtsausdruck an, der vielleicht Bewunderung ausdrückt. Denn eines ist bei solchen Gartenarbeiten toll. Man bekommt jene Anerkennung, auf die man bei seiner Partnerin sonst oft vergeblich wartet, sofort.

Zwar sind die Latten schief angenagelt und die Stangen etwas krumm, aber man ist stolz, weil man gelobt wird. So stolz, dass man es jedem zeigt. Dann wird fachmännisch diskutiert. Über die richtige Betonmischung, den passenden Holzanstrich, den praktischen Bodenbelag. Immer hat man Gesprächsstoff, der so wunderbar unverbindlich ist.

## Die schiefe Laube

„Ist Ihre Laube auch schief?" – frage ich den Nachbarn. Früher war hier eine Müllkippe – vor 120 Jahren. Und langsam setzt sich die Laube – wie man so sagt. Sie versinkt. Natürlich nicht wirklich, aber jedes Jahr ein wenig. Wenn Sie bei uns eine Murmel auf den Fußboden legen, rollt sie aus der Tür. So gibt es immer ein unverfängliches Thema. Man redet nicht über die eigene Ehe, nicht über Lebensprobleme, nicht über seine Träume. Nein – man spricht über die schiefe Laube und die Tomatenernte. Die wichtigste Frage lautet: „Sind die bei Dir auch schon reif?"

## Die behinderte Blaumeise

Doch das Schönste am Garten ist: Man ist nie allein. Ständig fliegt ein Vogel auf meinen

Tisch. Es sind die frechen Spatzen und die zerzausten Blaumeisen, die mir Gesellschaft leisten. Jeder Essensrest wird sofort entdeckt und aufgepickt. Bei dem Vorsitzenden lebt eine behinderte Blaumeise, die verkrüppelte Füße hat. Sie fliegt wie ein Kolibri. Er versorgt sie mit kleinen Nüssen, die er unter den Nussschalen versteckt. Mit großer Geschicklichkeit wirft sie die Schalen um und verknabbert ihre Belohnung.

Inzwischen fliegt auch eine junge Blaumeise vertrauensvoll auf meine Hand, ich spüre ihre kleinen Krallen, sie schaut mich fragend an, wir unterhalten uns ohne Worte, dann fliegt sie wieder los. Ich habe sie Käthe getauft, da mich ihre Beine an die Hände meiner Großmutter erinnern. So sitze ich hier schon früh am Morgen: Ich wache auf, wenn die Sonne aufgeht. Und ich schlafe in der Laube, wenn ich mich durch die Gartenarbeiten in einem Ausnahmezustand von Erschöpfung und Glück befinde. Das Tageslicht bestimmt mein Leben. Zurück zum Beginn der Menschheit, zurück in meine Kindheit bei der Großmutter. Aber es ist auch ein Zukunftsmodell. Man spart Energie und lebt nach der Devise: Weniger ist mehr. Insofern ist unsere Laube ein Beitrag zur Bewältigung der Klimakatastrophe.

## Catering für die Spatzen

Nur ein Problem habe ich: Wen soll ich morgens um 6.00 Uhr anrufen – wenn ich telefonieren möchte? Das Handy liegt neben mir, ich komme ins Internet. Ich bin voll vernetzt, aber ich darf niemanden anrufen. Vor einiger Zeit meldete ich mich um 9.00 am Sonntag bei einem guten Freund. „Weißt Du, wie spät es ist?" – fragte er mich. „Ja – es ist fast Mittag." – antwortete ich. Wütend legte er den Hörer auf und signalisierte mir, ich sei nicht ganz normal. Aber wie soll man normal bleiben, wenn die Vögel ständig meinen Grassamen aufpicken, den ich gestern ausgestreut habe? Mit peinlicher Genauigkeit habe ich mich an die Gebrauchsanweisung gehalten. Doch die Verfasser rechneten nicht mit den Spatzen, die mit großer Freude davon ausgingen, dass hier eine Cateringfirma ein Buffet errichtet hat. Und sie verfügten über ein gutes Kommunikationssystem. Im Nu hockten hier dreißig – was sage ich: Es waren mindestens sechzig – Spatzen. Wie soll denn da der Rasen wachsen? Ich wurde also zur lebendigen Vogelscheuche, bis meine Arme erlahmten. Und genauso verteidige ich die Früchte des Gartens.

## Der Kampf mit den Räubern

Gartenfreunde sind immer im Krieg mit der Natur. Sie müssen beispielsweise ihre Kirschen schützen, indem sie ein Netz spannen. Aber man kann doch nicht alles einwickeln. Deshalb ärgert es mich, dass diese Räuber übersehen, dass ich der Bevollmächtigte meiner pachtzahlenden Laubenbesitzerin bin. Sie sitzen im Aprikosenbaum, picken die schönsten Früchte an und ... platsch – fallen mir die Reste auf die Füße. Als meine inzwischen erwachsene Tochter in der Pubertät war, hat sie wenigstens die Abfälle entsorgt, aber diese Tiere haben kein Benehmen. Ich sammle also die Reste auf, koche permanent Marmelade und werde zum Selbstversorger: Täglich ernte ich Erdbeeren, die ersten Birnen sind reif und vor allem: Jeden Tag gibt es Bohnensalat, Bohneneintopf und Bohnenauflauf. Und ich friere Bohnen ein.

Das erinnert mich sehr an die vielen Weckgläser, die bei uns im Keller standen. Die Früchte des Gartens wurden eingeweckt. Auf dem Kochherd stand ein riesiger Apparat, der im Herbst mit den Erzeugnissen des Gartens gefüllt wurde. Im Winter durften wir dann alles aufessen. Dabei schmeckte es meistens so wie es aussah: undefinierbar. Aber ich freue mich schon jetzt darauf, im Winter meine eigenen Bohnen zu essen. Im nächsten Jahr möchte ich gern Kartoffeln pflanzen.

## Die Kunst des Überlebens

Das Beste ist: Wenn das Stromnetz zusammen bricht, wenn es nichts mehr zu essen gibt – wir werden überleben. Es könnte ja ein Meteorit einschlagen oder es kommt eine neue Eiszeit. Wir sind vorbereitet. Bei uns steht noch ein kleiner Ofen in der Laube und meine Partnerin ist eine begnadete Holz-Sammlerin. Rund um die Laube sind Holzstapel aufgeschichtet. Andere Menschen sammeln Bierdeckel oder Porzellanpuppen - meine Partnerin sammelt Holz. Sobald sie einen Ast abschneidet wird geprüft, ob man ihn nicht verheizen kann. Dann wird er erst einmal vorgetrocknet und kommt schließlich in die Laube, um uns in Form von Wärme zu beglücken. Das erinnert mich sehr an die Wanderungen mit meiner Großmutter. Immer kamen wir holzbeladen aus dem Wald zurück. Es waren sperrige, große Bündel, die wir mühsam zerkleinerten.

## Wir retten die Verwandtschaft

Trotz Handy, Internet und Solarlampe leben wir in der Laube wie in früheren Zeiten. Sobald es kalt wird, lodert das Feuer in dem kleinen Ofen. Notfalls könnten wir alle Verwandten und Freunde einladen, es soll ja keiner erfrieren. Schlafplätze gibt es genug. Sie kennen vielleicht diese Schlafkojen, die sich unter dem Dach befinden. Hoch kommt man ja noch problemlos. Aber wie soll man nachts – nach dem Genuss von drei Gläsern Rotwein – die steile Leiter wieder runter klettern? Dazu muss man sich an den Rand bewegen, dann umdrehen, mit der linken Hand fasst man den Holm, mit der rechten leuchtet man mit der Taschenlampe.

## Der Einbrecher

Apropos Taschenlampe: Kürzlich stand ich auf und wollte aufs Klo. Wir haben inzwischen ein Schlafsofa gekauft. So können wir hier übernachten, wenn es mal etwas später wird und ich muss nicht die Leiter rauf- und runter steigen. Aber neulich bekam ich trotzdem einen Schreck, denn ich sah plötzlich einen Schatten vor mir. Offenbar stand dort ein Mann und kam auf mich zu. Ich räusperte mich – keine Antwort. Also machte ich meine

Taschenlampe an, um den Einbrecher zu erschrecken. Eigentlich war es ja mehr ein Suchscheinwerfer, die Laube war plötzlich taghell und meine Liebste fragte mich, ob ich verrückt sei. Es war nachts um drei – der Schatten war ich selbst.

Ich sah mich im Spiegel der Toilettentür, die unerwartet aufgegangen war. Ich soll verrückt sein? Meinen Patienten erkläre ich immer, es gäbe einen normalen Menschen auf der Welt und der sei ich. Ich bin Psychotherapeut. Meine Patienten lachen dann immer so herzhaft darüber, dass ich sie um eine Erklärung bitte.

## Die Kunst des Grillens

Aber ein wenig verrückt muss man schon sein, wenn man sich in diesem Sommer ständig in der Laube aufhält. Vom Sommer keine Spur, es regnet schon wieder. Und wenn es nicht regnet, wird gegrillt. Dunkle Rauchschwaden ziehen durch die Kolonie – es duftet nach Nackensteaks und Fett. Gesund ist das ja nicht unbedingt. Vor allem, wenn mein entfernter Verwandter Ernst-Dieter am Grill steht und Bier über das Fleisch gießt. Inzwischen steht dies als Ratschlag in jeder Frauenzeitschrift, aber Ernst-Dieter behauptet, es sei sein Geheimtip ... Jedenfalls schmeckt es immer so wie es aussieht: seltsam. Und zudem ist alles ein wenig angebrannt. „Das musst Du einfach wegkratzen und überhaupt – wir leben nicht ewig" – rechtfertigt er sich. Recht hat er und wir lassen uns das Fleisch schmecken. Und hören zum fünften Mal die Geschichte, wie er auf der Autobahn fast seinen Reifen verloren hat. Das war nämlich so: Er war in der Werkstatt, um den Reifen zu wechseln. Und da hat man offenbar die Schrauben nicht richtig angezogen. Jedenfalls merkte er schon auf der Autobahn, dass etwas nicht stimmte. Und irgendwann fuhr er auf den Seitenstreifen und holte den ADAC. ... Nun ist das Schöne an den Geschichten von Ernst-Dieter, dass man nicht zuhören muss, weil man sie schon kennt. So kommt man ins Träumen...

## Das Plumpsklo

Träumen kann man wirklich, wenn man vor der Laube sitzt. Die Bienen haben ihr Tagwerk längst vollendet. Meine Liebste kümmert sich um zwei Bienenstöcke und ich kann manchmal stundenlang dort sitzen und die dramatischen Kämpfe zwischen Bienen und Wespen beobachten. Inzwischen geht die Sonne unter, ein Krähenschwarm fliegt über den Garten hinweg, man hört unentwegt ihr Krah-Krah-Krah. Und ich kann mich nicht satt sehen an den sanften Lichtspielen des Gartens.

Zunehmend entfaltet sich in mir eine innere Freude. Und besonders freut es mich, dass wir ein richtiges Klo in der Laube haben. Eine Kollegin ist auch stolze Besitzerin eines Kleingartens, hat aber nur ein schiefes Plumpsklo. Die Fliegen schwärmen umher, man sitzt auf einem bereits vorgewärmten Holzsitz und schaut durch ein kleines Loch nach draußen. Und man sitzt natürlich in einer Urinwolke.

Wussten Sie, dass der Urin rosa wird, wenn Sie Rhabarber gegessen haben? Erzählen Sie das mal Ihrem Heilpraktiker. Urin kann gelbgrün, grau-gelb, blau-rot werden und der Fachmann kann dann sofort erkennen, ob Sie in zwölf Jahren noch leben. Jedenfalls sitzt man bei der Kollegin auf so einem Plumpsklo und hat immer Angst, dass einem eine Ratte in den Hintern beißt. Das regt nicht gerade zum Lesen an. Das war in meiner Kindheit anders. Bei uns zuhause gab es kein Klopapier, sondern zerrissene Zeitungen. Diese Zeitungsreste übten eine magische Wirkung auf uns aus. Kaum saß man auf dem Klo, fing man an zu lesen. Tragisch dabei war nur: An der spannendsten Stelle war meist das Blatt abgerissen. Aber das regte die Phantasie an.

## Der Rückzugsort

In einer Vorlesung hörte ich einmal, das Beste für unser Denken sei es, wenn wir etwas erleben, was unvollendet ist. Dann wären wir immer bemüht, die vorhandene Lücke zu ergänzen und eine Lösung zu finden. In diesem Sinne regte unser Klo unseren Verstand an. Und das Klo war der einzige Rückzugsort unserer vielköpfigen Familie. Nur dort war man wirklich ungestört – bis es an der Tür klopfte.

An dem schiefen Klo meiner Kollegin klopft keiner, da man sieht, wenn das ‚Häuschen' besetzt ist. Die Tür zittert immer ein wenig, denn man muss sie festhalten, weil sie nicht mehr schließt. Sehr gemütlich ist das nicht und so war ich froh, dass alle Männer aufgefordert wurden, lieber in die Gartenecke zu pinkeln. Die Pflanzen wachsen dort besonders gut.

Ich kenne andere Laubenbesitzer, die noch nicht einmal elektrisches Licht haben. Sicher: Das braucht man alles nicht. In meiner Kindheit wuchs ich in einer Laube auf, in der es weder Wasser noch Stromversorgung gab. Draußen stand eine Pumpe und man ging schlafen, wenn es dunkel wurde. Wenn man Musik hören wollte, drehte man an der Kurbel einer großen Spieluhr. Das waren die glücklichen Momente meiner Kindheit...

## Ausflug im Regen

Ich erinnerte mich auch an meine Kindheit, als es heute früh wieder regnete. Wir haben so gern in den Pfützen gespielt, den feuchten Sand geformt und besonders schön war es, wenn wir mit den Eltern einen Ausflug im Regen unternahmen. Dann hatten wir dünne Regenpelerinen an. Die Wassertropfen prasselten trommelartig auf die Plastikfolie, innen war eine furchtbare Feuchtigkeit, so dass man regelrecht dampfte und trotzdem: Irgendwie war das wie Musik. Daran denke ich also, als ich nach draußen schaue: Es regnet noch immer.

Die Spatzen sehen aus wie ich, wenn ich mir gerade die Haare gewaschen und mich drei Tage nicht rasiert habe. Sie flattern etwas traurig und vereinzelt durch den Garten. Die Stare sind da zielstrebiger, sie kommen in Scharen und picken Regenwürmer. Sie sehen so aus wie wir früher bei der Kartoffellese. Wir hatten Schulferien, liefen hinter dem Trecker her und sammelten in den Furchen die kleinen Kartoffeln ein, die dort liegen geblieben waren. Immer gab es dann zwei Säcke Kartoffeln, die bis in den Winter hinein reichten. Genauso systematisch marschieren - fast erhaben und würdig - diese schwarzen Vögel über den Rasen. Irgendwie erinnern sie mich an Banker.

## Überschwemmung im Mutterleib?

Der Regen hat auch etwas Beruhigendes. Wahrscheinlich ist das die Mutterwelt, in der Fruchtblase war es ja auch feucht. Auf jeden Fall fühle ich mich so wohl, dass ich allen davon erzählen muss. Daher habe ich gestern auch meine Kollegin Britta in den Garten eingeladen. Sie kannte mich noch als entschiedenen Gegner von Kleingärten. Ich machte häufig meine Witze, wenn ich durch solche Kolonien fuhr. Damals war ich überzeugt: Das ist nur etwas für Menschen, die sich kaum noch bewegen können. Arthrose in den Knien, Bandscheibenvorfälle und ein wenig dement, das waren meine Vorurteile über die Laubenpieper. Aber das ist natürlich vorbei.

Jetzt bin ich innerhalb einiger Wochen zum überzeugten Kleingärtner mutiert. Und dann wird man ein wenig militant. Ein wenig. Meine Patienten kennen das. Ich fahre sehr gern Fahrrad. Und eine Patientin meinte kürzlich: „Ich weiß noch nicht, ob mir die Behandlung hilft. Aber eines weiß ich: Nach den Stunden bei Ihnen werde ich Rad fahren."

## Die Farbe der Klodeckel

Gestern war also Kollegin Britta zu Besuch und wir redeten so über dies und das. Worüber man so redet, wenn es regnet. Man kann ja wunderbar über den Regen reden. Wenn ich an Radtouren teilnehme, kenne ich oft niemanden. Aber das Wetter ist immer ein gutes Thema, um einen Kontakt zu beginnen. Je einfacher das Thema, umso leichter kann man mitreden. Und nach einigen Stunden sprechen wir dann über die Mutterbeziehung und die Pubertät.

Vor meinem Psychologiestudium arbeitete ich im Büro. Dort diskutierten wir am liebsten über die Farbe der Klodeckel. Wenn es um große Investitionen ging, blickte doch keiner durch. Aber zur Farbe der Klodeckel wollte jeder was sagen.

Jedenfalls saß ich im Garten mit meiner Kollegin Britta und wir plauderten und irgendwann wollte sie gehen. „Und?" - fragte ich. „Wie?" - fragte sie zurück? „Willst Du Dir auch eine Laube zulegen?" - „Ich weiß nicht." - meinte sie und brachte dann einige Vorbehalte. Sie sei ja nicht dagegen, aber sie könne sich noch nicht entscheiden. Das ist ja eine merkwürdige Person, sie will keine Kleingärtnerin werden - dachte ich.

## Wenn die bunten Fahnen wehen

Mir gefällt es hier immer mehr. Ich sitze zufrieden unter dem verglasten Vorbau und schaue auf die tibetischen Fähnchen, die meine Partnerin dort angebracht hat. Sie gefallen mir, weil sie so lustig und bunt im Wind flattern. Aber die Deutschlandfahnen, die man gelegentlich in den Nachbarkolonien sieht, empfinde ich doch als etwas bedrohlich. Meist ist es ja nicht eine Fahne, sondern ein ganzes Grüppchen, als ob sich eine Fahne allein nicht wohlfühlt. Und diese angespannte Stimmung spürte man auch in einer Koloniekneipe, die ein Kilometer entfernt ist. Im Sommer sitzen dort meist einige schwarz-rot-gold angemalte Gestalten, die immer wieder ‚Abseits' brüllen. Ich habe vom Fußball keine Ahnung. Deshalb ging ich auch schwimmen, als irgendeine Fußballweltmeisterschaft war. Oder war es ein Europatitel? Jedenfalls hörte ich schon die Raketen in den Himmel steigen, als ich mitten im See schwamm. Und ich fragte dann bei der Rücktour in der kleinen Gartenkneipe, wie denn das Torergebnis sei. 4 zu 2 – gab man mir mürrisch zur Antwort. Doch dann flog mir fast ein Bierkrug entgegen, als ich weiterfragte: „Wer spielt denn?" Später hörte ich, dass Deutschland gegen Griechenland gewonnen hatte, aber im Halbfinale ausgeschieden war.

## Wenn wir Frauen retten wollen

Vom Fußball verstehe ich wenig und vom großen Weltgeschehen verstehe ich oft noch weniger. Wer welchen Krieg begonnen hat und warum, ist mir oft nicht klar. Aber das Schöne in so einer Laubenkolonie ist: Hier sind die Spielregeln des Lebens einfach und überschaubar. Hier geht es um die Leistung von Bohrmaschinen, die Länge einer Schraube und die Frage, wie man eine Regenrinne abdichtet. Das jedenfalls beschäftigt mich seit gestern. Ich will meine bessere Hälfte überraschen. Oder dramatischer gesagt: Ich will sie retten. Denn das Wasser aus der kaputten

Regenrinne überschwemmt mittlerweile alles. Also haben wir - meine Putzfrau und ich – die kleine Kammer ausgeräumt. Nun ist ja eine Putzfrau im Kleingarten ein wenig merkwürdig.

## Das Boot im Garten

Eine Putzfrau in der Laube ist so wie eine Kuh auf dem Balkon – hätte Tante Elfriede gesagt. Eigentlich ist das genau so seltsam, wie die Aktion mit dem Boot. Wir hatten nämlich ein riesiges Boot neben dem Haus verstaut. Dort nützte es uns natürlich wenig, auch wenn der Rasen oft unter Wasser stand. Also transportierten wir es zu einem See, um dort unsere Fähigkeit zu testen, gemeinsam schwierige Situationen zu meistern. Man muss schon ziemlich gut harmonieren, um mit einem solchen Boot nicht zu kentern. Insofern war es fast eine Liebeserklärung, dass meine Partnerin hinterher erklärte: „Das war gut!!!" Aber vorher mussten wir das Boot aus dem Kleingartengelände bringen. Und das sah schon witzig aus, weil plötzlich ein riesiges Boot scheinbar über den Hecken schwamm.

Ähnlich komisch ist also die Aufräumaktion meiner Putzfrau, die sich sonst um meine Praxis kümmert. Aber praktisch ist das schon. Denn wir finden in der kleinen Kammer alles Mögliche: Sandpapier, Fliesenkleber, Rasensamen, Nähmaschinenöl und Dachpappe. Aber keinen Regenrinnenkleber.

Die Wunderpampe

Also befinde ich mich jetzt im großen Geschäft für Heimwerkerbedarf. Und erkläre dem Verkäufer, dass die Regenrinne kaputt sei und dass ich meine Frau retten wolle. Er schaut nur erstaunt und fragt: „Ähh?" Also erkläre ich ihm, dass dies schon seit Adam und Eva, also seit Tarzan und Jane so sei, dass die Männer die Frauen retten wollten. Aber das wollte er wohl gar nicht wissen. „Mit der Regenrinne, was ist mit der?" – „Die ist gerissen, die muss geflickt werden." Er gibt mir daraufhin eine elastische Paste, die sauteuer ist. Ich lese mir die Gebrauchsanweisung durch: Man müsse vorher alles reinigen, alles müsse fettfrei und von jeglichem Schmutz befreit sein. Die Regenrinne ist doch kein Operationssaal. Also frage ich nach dem Wunderzeug, das überall klebt und auch unter Wasser halten soll. Der Verkäufer schickt mich daraufhin zu dem Gas-Wasser-Scheiße-Experten – so nennt man diese Installateure in

Berlin. Dem erzähle ich auch, dass ich meine Frau retten will und nun einen Kleber brauche, der selbst unter Wasser hält. „Wollnse damit in den Weltraum?" – fragt er mich. „Diss muss ja eene Wunderpampe sin!" – ist seine Auskunft. Und empfiehlt mir ein Klebeband, das so aussieht wie schwarze Dachpappe. Juchhee – denke ich und sehe schon das erfreute Gesicht meiner Liebsten vor mir.

## Die Hebel der Klappleiter

Dankbarkeit ist der schönste Lohn, wenn man sich so angestrengt hat. Und Vorfreude ist die schönste Freude, doch ... als ich endlich die Aluleiter ausgeklappt habe, zeigt sich die wahre Katastrophe. Wobei ich ja schon den ersten Triumph genossen habe. Solche Leitern sind wunderbar. Man muss nur wissen, welche Hebel man nach vorn und nach hinten klappen muss. Und man muss wissen, wann man seine Finger wegnehmen sollte. Und in welche Richtung sich dies Urvieh bewegt.

Endlich recke ich mich mit der Leiter in die Höhe und flehe meine Putzfrau an: „Festhalten, um Gottes Willen" - und sie bekundet: „Wenn wir fallen, fallen wir beide". Das beruhigt mich nun sehr und ich werfe einen Blick in die völlig zugewucherte Rinne. Vogelscheiße, Blätter, Zweige schwimmen in der Brühe, die nicht abfließt. Jeden Meter gibt es dort einen Staudamm, der allem Druck standhält. Also rücken wir die Leiter in Richtung Abflussrohr, wobei uns ein riesiger Fliederbusch im Weg steht.

Festhalten!

Selten bin ich so gelenkig und winde mich nach oben. Immer angefeuert von dem ängstlichen Ruf meiner Putzfrau: „Festhalten!" Die Leiter wackelt, ein feuchtes Rhabarberbeet ist die Grundlage für eines der Leiter-Beine. Als ich endlich die ganze Pampe ausgelöffelt habe, bewegt sich nichts... ich habe nur eine kleine Schlammsperre beseitigt. Die Regenrinne ist so verschlammt und zudem schief, dass nur eines hilft: Mit einem Gartenschlauch alles durchzuspritzen. Und dann abzutrocknen, um das Klebeband... Das würde aber mindestens eine Stunde, eigentlich zwei Stunden in Anspruch nehmen. Und nun werde ich skeptisch, denn ich frage mich: Steht die Dankbarkeit meiner besseren Hälfte in einem vernünftigen Verhältnis zu meiner Anstrengung?

# Das Ringen nach Anerkennung

Meine Erfahrung ist: Frauen lassen sich nicht gern retten. Genauer gesagt: Sie lassen sich schon gern retten, geben dies aber nicht gern zu. Und meist sagen sie uns Männern dann noch, was wir besser machen könnten. Zwar gibt mir meine Liebste, wenn ich sie danach frage, genügend Anerkennung. Stolz präsentiere ich ihr mein neues Werk und dann sagt sie wortgewaltig: „Ja!"... Aber hier würde sie mein heldenhaftes Ringen überhaupt nicht mitbekommen! Also repariere ich alles notdürftig, indem ich die Rinne etwas nach oben drücke und eine Plane über alles lege. Dafür werde ich zwar keine Bewunderung ernten, aber ich kann endlich meine Melone essen.

Doch ich bin ja nicht so – als die Sonne ein wenig scheint, mähe ich den Rasen. Mit einem vorsintflutlichen Rasenmäher. Modern sind Traktoren mit fünf Gängen. Ein Freund hat ein solches Ungetüm. Sein Rasen ist zwar klein, dafür ist aber der Traktor umso größer. Wie Weltmeister Toni Schumacher sitzt er auf dem Traktor und fegt um die Kurven. Er ist der schnellste Rasenmäher-Fahrer im Dorf und darauf ist er sehr stolz.

## Blitzende Geheimnisse

Gestern kam meine Liebste zurück und schlief vertrauensselig neben mir – obgleich es donnerte und blitzte. Fast hätte man meinen können, die Welt gehe unter. Als ich sie morgens fragte, wie sie geschlafen habe, meinte sie überzeugt, wir hätten doch einen Blitzableiter. Den haben wir natürlich nicht. Und das Merkwürdige ist, dass sie auch in den kommenden Wochen gut schläft – obgleich ich sie aufgeklärt habe. Als Lebenskünstlerin ist sie überzeugt, dass sie das Glück anzieht. Aber es gibt andere Menschen, die regelrecht Blitze anziehen. Elektriker würden das natürlich für Unsinn halten. Sie würden erklären, das Risiko, von einem Blitz erschlagen zu werden, sei so groß wie die Wahrscheinlichkeit, ein Lottomillionär zu werden. Doch wenn man in einem Kleingarten lebt, dann weiß man: Es gibt viele Geheimnisse auf und unter dem Rasen.

Oder wie erklären Sie sich folgende Geschichte? Ein Freund erzählte kürzlich, auf der Landstrasse sei der Blitz in sein Auto eingeschlagen. Es habe gescheppert, der Wagen sei wie von einer riesigen Faust erfasst worden, taghell sei es gewesen. Sein Vater hat später die Elektronik erneuern müssen. Erschöpft kam er nach Hause und ging schlafen. Da das Haus einen Blitzableiter hatte, schlief er ruhig ein, obgleich schwarze Wolken ein weiteres Unwetter ankündigten. Er war überzeugt, dass ein Unglück nie zweimal passiert – bis ihn ein Blitz aus dem Schlaf riss, der in den Dachfirst einschlug und sich seinen Weg über den kleinen Balkon seiner Wohnung suchte. Die Reste davon lagen unten auf dem Rasen.

## Wenn die Wohnung größer wird

Nach dem Gewitter schaute ich kurz in meine Wohnung, um meine Wäsche zu wechseln. Kleingärtner sind ja immer Pendler mit zwei Haushalten. Im Sommer leben sie zwar tagsüber oft monatelang in der Laube, aber der Hauptwohnsitz ist doch woanders. Jedenfalls war ich heute bei mir zuhause und war über die Größe meiner Wohnung verwundert. Die war natürlich immer so groß, aber ich habe inzwischen vier Wochen auf kleinstem Raum gelebt. Und vier Wochen sind eine Ewigkeit. Ich kann mich kaum daran erinnern, wie ich vorher gelebt habe. Jedenfalls ist meine Wohnung größer geworden. Und mir wird klar, dass wir früher alle auf sehr kleinem Raum lebten.

## Raum in der kleinsten Hütte

Meine Kindheit spielte sich weitgehend in der Küche ab. Dies war der einzig geheizte Raum in der Wohnung. Und so ging es damals vielen, die in einer sehr kleinen Wohnung aufwuchsen. Viele Patienten berichten mir, dass alle in einem Raum schliefen, ein großer Vorhang trennte dann das Schlafzimmer der Eltern und das Kinderzimmer. Und besonders eng war es natürlich in den Lauben. Diese wurden in der Nachkriegszeit oft an- und umgebaut. Es entstanden richtige kleine Häuser mit winzigen Zimmern. Aber gemütlich soll es gewesen sein, wenn alle zusammen feierten. Körperliche Nähe war garantiert.

## Mücken, Mücken

Körperliche Nähe entsteht auch, weil mich meine bessere Hälfte jeden Abend bittet: „Kratz mich mal." Sie ist so nett, dass sie alle Mücken auf sich zieht - ich werde weitgehend von ihnen verschont. Also haben wir Mückennetze angebracht. Und wir achten wie in einem Hochsicherheitstrakt darauf, dass nichts reinkommt, was nicht reinkommen soll. Doch manchmal verirrt sich trotzdem eine Mücke in unsere kleine Laube. Aber sie wird sofort gegrillt. Das ist der Sieg der Technik über die Natur. Zu Weihnachten habe ich meiner Liebsten einen elektrischen Tennisschläger geschenkt. Man drückt auf einen Knopf, dann entsteht zwischen den Saiten eine Hochspannung von 1000 Volt und wenn man eine Mücke trifft, gibt es ein wunderbares Geräusch: Krrsss... und das irre Summen verstummt. Meine Liebste sagt immer, meine Geschenke seien so praktisch.

## Die Kunst der Nähe

Wir liegen also im Bett und stellen fest, dass unsere Laube eine mückenfreie Zone ist. Es ist so einfach, glücklich zu sein. Glücklich ist man dort, wo eine vertraute Stimmung entsteht. Deshalb findet man das Glück in Tälern, die so klein sind, dass man sich zurufen kann - schrieb ein Philosoph. Klein ist es in der Laube nun wirklich. Aber das kann auch problematisch sein. Kürzlich sprach ich in einer Radiosendung über das Thema Nähe und erwähnte, dass ich monatelang mit meiner Partnerin auf 24 m² leben würde. Spontan meinte die Moderatorin: „Das könnte ich nicht." Offenbar ist das Leben auf engem Raum eine Bewährungsprobe für die Nähe-Fähigkeit in der Partnerschaft.

In einer Laube entkommt man dem Partner nicht und man erlernt auch die Nähe zu sich selbst. Man verlangsamt und das schönste Symbol für diese Verlangsamung ist für mich das Leben der Schnecken. Wussten Sie, dass Schnecken einen Geschwindigkeitsrekord von 3 m in der Stunde aufstellen? Das sind 0,003 km in der Stunde – also wirklich ein Schneckentempo. Dabei ist die Fortbewegung einer Schnecke durchaus ‚modern', oft gleitet sie auf einer Schleimspur gemächlich dahin.

## Fertig ist die Laube

Jedenfalls beschäftige ich mich mit den Schnecken, die immer mehr mein Interesse erwecken. Also reden wir auch über Schnecken, wenn wir wieder einmal Kollegen einladen. Das machen wir in der letzten Zeit häufiger. Hier müssen wir nicht Fenster putzen, wir räumen nur ein wenig auf – ein bisschen Chaos gehört zum Kleingarten dazu - und spritzen die Terrasse ab. „Fertig ist die Laube." - sagt dann meine Partnerin. Und schließlich sitzen wir gemütlich beisammen und reden wieder einmal darüber, wie man Schnecken umbringt.

## Das Enthauptungsritual

Ein Kollege meint, man könne Salz um die Pflanzen streuen. Die Schnecken würden dann das Salz aufnehmen und umkommen. Und so hecken wir die unterschiedlichsten Tötungsmechanismen aus. Meine bessere Hälfte tritt für ihre Enthauptungs-Methode ein. Diese sei schnell und genauso human wie die Einführung der Guillotine. Historisch bewandert erklärt sie, das Enthauptungsgerät sei vor über 200 Jahren entstanden, um grausame andere Hinrichtungsarten abzuschaffen. Der Erfinder habe jedoch unter der Verwendung seines Namens gelitten, seine Nachfahren hätten andere Namen angenommen. Jedenfalls stellen wir fest, dass man wunderbar über ein Thema reden kann, das den perfekten Mord zum Thema hat.

Meist verdrängen wir ja solche Themen, obgleich wir schon manchmal Mordgedanken hegen. Ich würde gern einen Krimi mit dem Titel ‚Mord ohne Leiche' schreiben. Aber ich bringe doch niemanden um, auch wenn er mich stört und kränkt. Doch im Zusammenhang mit Schnecken können wir diese Gelüste ungehindert ausleben. So herrscht an diesem Abend eine unbeschwerte Stimmung, bis ich deutlich mache, dass unsere Schnecken-Tötungs-Methode immer in Übereinstimmung mit unserer Persönlichkeit steht. Eine Freundin aus England ist diesbezüglich sehr resolut, sie gießt heißes Wasser über die Schnecken und ihr Ehemann seufzt: „Oh je!"

Ich habe mir inzwischen angewöhnt, die Schnecken mit Alkohol umzubringen. Alle zwei Tage gieße ich etwas Bier in einen Behälter und die Schnecken ertrinken beschwipst. Doch leider hat es sich wohl rumgesprochen, dass man sich bei uns besaufen kann. Es kommen immer mehr Schnecken.

Zudem hält meine Freundin Karin diese Methode für eine Mogelpackung. Sie trinkt keinen Alkohol und ist davon überzeugt, unser Karma würde sich verschlechtern, wenn wir Schnecken töten. Auch sie glaubt, dass jeder von uns in einer Tiergestalt weiterleben wird. Deshalb sammelt sie immer alle Schnecken ein und setzt sie in einem großen Park wieder aus. Doch diese Prozedur ist ziemlich anstrengend, was unser französischer Freund Leon mit den Worten kommentiert: „Wir Franzosen haben keine Probleme mit die Schnecken, wir essen sie."

## Die Vergänglichkeit

Ich esse keine Schnecken, vielmehr verspeisen die Schnecken unsere schönsten Pflanzen - auch wenn wir jeden Abend mit der Taschenlampe den Garten absuchen. Manchmal stehen nur noch Strünke, so wie die Ruinen eines Hauses. Anderes geht ein. Auch im Kleingarten liegen eben Leben und Vergänglichkeit dicht neben einander. Und so ist es doch überhaupt in unserem Dasein. Wenn man über sechzig ist, wird man mit dem Thema Vergänglichkeit ständig konfrontiert.

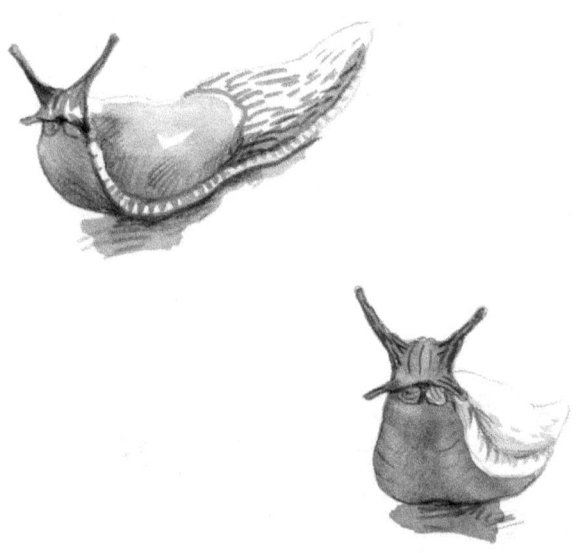

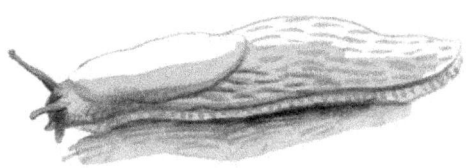

Jedes Wochenende schaue ich in die Todesnachrichten und freue mich über die Texte der Trauernden. So steht in der Anzeige für Klaus Zapf, einem bekannten linken Spediteur: „Einer trage des anderen Last". Und noch mehr freue ich mich, wie viele Menschen ich mittlerweile überlebt habe. Ein etwas ironisch veranlagter Kollege meinte einmal, wenn er an so manche üblen Zeitgenossen denke, dann sei es tröstlich, dass jeder sterbe.

Tröstlich ist es auch, dass diese Vergänglichkeit einen großen Vorteil beinhaltet: Sie ist die Basis für unsere Leidenschaft. Die griechischen Götter, die unsterblich waren, wussten nicht, was wirkliche Leidenschaft und Liebe ist. Sie kannten nur Lust und das Vergnügen. Wir lernen also: Tiefe Gefühle können wir nur empfinden, weil das Leben vergänglich ist. So kommt man als Gartenfreund auf philosophische Gedanken.

## Die philosophischen Gartengespräche

Gärten eignen sich sehr für philosophische Gespräche. Schon vor 2000 Jahren lehrte Platon Philosophie in einem Olivenhain. Allerdings musste man sich bei Platon ordentlich anmelden. Im Gegensatz dazu ist unser philosophischer Garten offen für alle: Über den alltäglichen Unsinn und den Sinn des Lebens soll jeder mitreden. Und so sprechen wir über die Fragen: Was ist Glück, warum geht man fremd, warum sind diese Kleingärten so wichtig für alle und was können wir tun gegen die Klimakatastrophe. Vorzugsweise wird darüber auf der Hollywoodschaukel mit dem Vorsitzenden und einer guten Flasche Rotwein diskutiert.

## Warum die Kollegen schmunzeln

Zwischen Unkraut und Weinreben gelingt es hervorragend, die Leichtigkeit des Lebens mit dem Ernsthaften zu verbinden. Meist jedoch wird man als Laubenpieper nicht ernstgenommen. Denn eines fällt mir immer auf, wenn ich von meinen Erlebnissen im Kleingarten spreche: Es fangen alle an zu schmunzeln. Irgendwie sind Menschen doch berechenbar. Wenn ich mit einer Dampflokomotive fahre, wird der Zug oft fotografiert, wenn ich mit einem Schiff in Berlin unterwegs bin, wird uns oft von einer Brücke zugewunken. Und wenn ich vom Kleingarten spreche, schmunzelt jeder.

Aber warum schmunzeln wir beim Thema Kleingarten? Wir schmunzeln, weil wir fast alle Vorurteile gegenüber Laubenpiepern haben. Wir denken, dass sie spießig sind und Gartenzwerge lieben und sich mit Kitsch umgeben. Aber kann es sein, dass uns dies auch berührt? Wir lächeln und sind hin- und hergerissen, weil sich diese Laubenpieper trauen, ihre Bedürfnisse auszuleben, während wir ziemlich vorsichtig sind, wenn es um Kitsch geht. Deshalb fragte ich auch meine Liebste: „Könnten wir sie für das Frühstück oder als Blumenvase verwenden?" – als ich auf dem Flohmarkt eine wunderschöne Kaffeekanne mit Goldrand kaufte. Mit den vielen Schnörkeln und Verzierungen entsprach sie nicht dem schlichten Bauhausstil, den ich sonst bevorzuge. Zu meinem Erstaunen war meine Partnerin einverstanden, aber meist amüsieren wir uns über die kitschigen Kleingärten der anderen Kolonien, wenn wir abends spazieren gehen.

Da stehen kleine und große Gartenzwerge, anmutige Märchenfiguren und künstliche Burgen, die an Neuschwanstein erinnern. Hier muss man nicht erwachsen sein, kein Über-Ich mahnt, dass man einen künstlerischen Anspruch erfüllen muss. Unbekümmert darf man noch einmal Kind sein.

## Jacke mit Goldknöpfen

Als ich Kind war, schneiderte mir meine Mutter eine Jacke und ich durfte mir die Knöpfe aussuchen. Ich wählte die größten Goldknöpfe, die in der Kiste zu finden waren. Sicher sah ich aus wie ein Zirkusclown, aber meine Mutter ließ mich gewähren. Heute trage ich vorwiegend graue Anzüge. Die kindliche Unbefangenheit hatte ich lange verloren. Doch diese Welt der Kindheit entdecke ich wieder in so manchen Kleingärten.

## Unkräuter auf dem Teller

In einer Nachbarkolonie fährt bei schönem Wetter eine Lokomotive mit drei Waggons durch einen zauberhaften Garten mit Teichen und kleinen Brücken. Ein anderer Laubenpieper hat einen chinesischen Garten mit zierlichen Drachen und Tempeln kreiert. Es ist eine kleine inszenierte Welt, die allerdings manchmal zu rückwärtsgewandt ist. Ich bin froh, dass in unserer Kolonie darum gerungen wird, neue Wege zu gehen. Regelmäßig werden in der Vereinslaube anspruchsvolle Filme gezeigt. Jeder kann kommen – wir sind Teil eines großen Netzwerkes - und dazu gibt es wunderbare Salate mit Kräutersoße.

Ich mag vor allem den Portulaksalat mit Brennnesseldips. Bei uns kommt auf den Teller, was woanders als Unkraut entsorgt wird. Der Vorstand und die meisten Laubenpieper empfinden sich als Teil einer grünen Bewegung mit ökologischem Bewusstsein.

Und seit einigen Jahren veranstalten die beiden Künstlerinnen Ausstellungen, in denen die Kultur des Schrebergartens auf ungewöhnliche Weise mit der der Kunst kollidiert: Die Besucher steckten ihre Nasen in Duftobjekte, auf dem Vereinshausdach prangten schon Sätze von Juri Gagarin – zu sehen aus dem Weltraum! – und in einem Bienenstock verwandelten die fleißigen Bienen ein Portrait des alten Goethe in ein Kunstobjekt. Diese Laubenkolonie ist ungewöhnlich kreativ. Deshalb habe ich mich in sie verliebt.

## Ich liebe meine Frau

Natürlich liebe ich auch in unserer Kolonie nicht jeden, aber das stört mich nicht, denn ich liebe meine Frau. Mit ihr bespreche ich, was wir in unserem Garten noch anpflanzen könnten. Auch wir gestalten unseren Garten und schaffen uns unsere kleine Welt.

## Das geheimnisvolle Raunen

Ich wuchs als Kind in einem Garten auf, der 2400 qm groß war. Unser Garten hat nur 10% der Grundfläche. Umso wichtiger ist hier unsere Hecke an der Terrasse, die mittlerweile wie ein Urwald aus Tomatenpflanzen und Bohnen hochgerankt ist.

Das ist ein so wunderbares Gefühl: Man hört und riecht die grillenden Nachbarn, wird aber nicht gesehen. Als Kinder saßen wir gern unter dem Tisch, eine große Decke bildete eine Höhle, unter der man nicht zu sehen war. Aber man konnte alles hören.

Ich war immer ein Hör-Mensch und so freue ich mich über das Getrappel der Krähen, die über das Dach hopsen. Ich lausche dem Gesang des Windes, der um die Laube streicht. Und mich erregt das kräftige Donnergrollen des Gewitters, unter dem die Laube regelrecht erbebt. Aber ich höre vor allem wieder meine innere Stimme, die ich lange überhört hatte. Intensive Gefühle der Kindheit werden wieder lebendig. Denn auch in der Laube meiner Großmutter hörte ich vieles. Sie verfügte über zwei Räume und wenn ich schlafen ging, hörte ich die wohltönende, warmherzige Stimme meiner Großmutter. Sie sprach häufig mit dem Kater oder mit sich selbst. Es war wie das Murmeln eines Baches, es war vertraut und ich schlief immer gut ein. Dabei war meine Großmutter mitunter etwas merkwürdig. Sie hatte zwei Kriege erlebt und konnte nichts wegwerfen. Selbst rostige Nägel wurden von ihr glatt geklopft und aufgehoben. Und unter dem Schuppendach hingen dutzende kaputte Gurkeneimer, die bereits löchrig waren. „Macht nichts" – sagte meine Oma schmunzelnd: „Die stellen wir über den Rhabarber, wenn die Russen kommen. Dann haben wir zu essen."

## Ich verändere mich

Zu essen haben wir hier genug. Wir gehen nur noch selten einkaufen und stellen immer fest: wir brauchen nichts. Ich finde zu mir selbst, brauche die vielen Ablenkungen nicht mehr. Seit Wochen habe ich kaum noch ferngesehen und entbehre den ganzen technischen Schnick-Schnack nicht. Über Facebook bin ich nicht mehr erreichbar, ich bin aus der Welt gefallen.

Und früher habe ich die Wohnungstür immer dreimal abgeschlossen. Ein schweres Wohnungsschloss, ein Stangenschloss und eine Kette sicherten meinen Schlaf. Wenn es nachts sehr heiß ist, schlafen wir bei offener Laubentür, jeder könnte reinkommen. Angst haben wir höchstens vor Mücken und wir überlegen sogar, dass wir demnächst mal im Freien schlafen.

Ich habe mich in den letzten Wochen verändert. Das stellt auch meine Partnerin fest und wundert sich nur noch, wenn ich sie frage, ob wir uns nicht einen Gartenzwerg kaufen könnten. Eine Solarlampe habe ich schon. Und einen Feuerlöscher, wegen der Gewitter. Völlig unvermittelt meinte meine Liebste heute früh: „Jetzt ist es genug."

## Zurück in die Stadt

Meine Zeit im Kleingarten geht leider zu Ende. In der nächsten Woche öffnet meine Praxis wieder, dann lebe ich wochentags wieder in meiner Stadtwohnung. Inzwischen habe ich den Rasen gemäht und die Tobinamburpflanzen aus dem Boden gezogen. Das sind riesige Pflanzen, die im Herbst kleine gelbe Blüten entwickeln. Und an den Wurzeln findet man wohlschmeckende Knollen. In meiner Kindheit wurden diese als Hühnerfutter verwendet. Insofern war ich ziemlich erstaunt, dass mir dies Futter kürzlich in einem vegetarischen Restaurant als Spezialität vorgesetzt wurde.

Langsam verändert sich auch der Garten. Die roten Blätter fallen, gelegentlich gibt es Bodennebel. Ich vernehme den Abschiedsgruß der Natur und schneide die Hecke und harke den Weg. Als ich ein wenig wehmütig die Gartentür abschließe, grüßt mich der Nachbar sehr freundlich. Im nächsten Sommer komme ich wieder.

****

## Nachtrag

*Zwei Jahre sind vergangen. Inzwischen ist etwas Unglaubliches passiert, was ich mir vor zwei Jahren noch nicht hätte vorstellen können. Ich bin Vereinsmitglied geworden, wurde in das Amt des Schatzmeisters gewählt und gehöre dem Vorstand an.*

*Wolfgang Krüger im BOD-Verlag:*

*Effi Briest auf der Couch - Eine psychologische Reise durch zwölf Liebesromane*

Schriftsteller haben schon immer das Wesen der Liebe besser erfasst als die Wissenschaft. Liebesromane sind deshalb eine Fundgrube für alle Leser, die Antworten auf die Fragen der Liebe suchen. Klassische Liebesromane sind oft viel mehr als eine Lektüre: Sie rütteln uns auf und helfen uns, unseren Weg zu finden. Sie trösten uns in schwierigen Stunden und vermitteln uns die Hoffnung, dass auch wir die große Liebe unseres Lebens finden können.

In zwölf Liebesromanen - die zunächst kurz dargestellt werden - wird aufgezeigt, dass alles heutige Wissen über die Kunst der Liebe bereits in ihnen enthalten ist. Insofern ist das Buch ein ungewöhnlicher literarischer Liebesratgeber, in dem alle wichtigen Themen der Liebe enthalten sind.

*Taschenbuch, 14.90 Euro - eBook, 10.99 Euro*

*Wolfgang Krüger im BOD-Verlag:*

DIE GEHEIMNISSE DER GROßELTERN
− unsere Wurzeln kennen, um fliegen zu lernen

Jeder von uns ist geprägt durch seine Beziehung zu den Großeltern. Ihr Schicksal müssen wir kennen, um die Familiengeheimnisse und Familienaufträge, die Defizite und traumatischen Ereignisse zu entschlüsseln. Sehr anschaulich macht Krüger deutlich, welche Familiengeheimnisse den Zugang zu den eigenen Kräften einschränken und behindern und welche Familienschätze uns bereichern.

*Dieses Buch ist sehr praxisorientiert geschrieben. Es werden konkrete Anregungen und Fragen nach jedem Kapitel gegeben, die schon beim Lesen zum Innehalten und Reflektieren einladen… Ich fühlte mich beim Lesen inspiriert und angeregt.*
*Christine Berthold Dipl.-Psych.*

*Taschenbuch, 9.90 Euro - eBook, 8.90 Euro*

## *Wolfgang Krüger im Kreuz-Verlag*

### Liebe ist: den ersten Schritt zu tun
Der Weg zur glücklichen Partnerschaft

Fast jeder von uns glaubt, die Liebe könne gelingen, wenn der Partner nicht so schwierig wäre. Doch meist können wir den Partner nicht wesentlich ändern. Sinnvoller ist es, wenn wir uns um die eigene Entwicklung kümmern und mit unserer lebendigen Stimmung festgefahrene Partnerschaftsprobleme überwinden. Einseitige Beziehungsmuster lösen sich dann auf, emotionale Blockaden werden überwunden, es entsteht ein tiefgreifender Prozess, der das System der Partnerschaft grundlegend ändert. 90% der Partnerschaften lassen sich auf diese Weise erheblich verbessern.

Ein Buch, das aufzeigt, wie die Liebe gelingen kann, auch wenn der Partner nicht perfekt ist.

Gebundenes Buch: 14.99 Euro

**Weitere Bücher**

- Das Geheimnis der Treue: Paare zwischen Versuchung und Vertrauen

- Wie man Freunde fürs Leben gewinnt

- Aus Eifersucht kann Liebe werden

- Freiraum für die Liebe: Nähe und Abstand in der Partnerschaft

- Effi Briest auf der Couch – Eine psychologische Reise durch zwölf Liebesromane

- Die Geheimnisse der Großeltern - unsere Wurzeln kennen, um fliegen zu lernen.

- Liebe ist: den ersten Schritt zu tun
  Der Weg zur glücklichen Partnerschaft


www.dr-wolfgang-krueger.de

Emails an: krueger-berlin@web.de

www.ingramcontent.com/pod-product-compliance
Lightning Source LLC
LaVergne TN
LVHW012024060526
838201LV00061B/4453